LA VANESSA MIELCZARECK , INTUICIÓN

Amat *editorial*

Amat Editorial, sello editorial especializado en la publicación de temas que ayudan a que tu vida sea cada día mejor. Con más de 400 títulos en catálogo, ofrece respuestas y soluciones en las temáticas:

- Educación y familia.
- Alimentación y nutrición.
- Salud y bienestar.
- Desarrollo y superación personal.
- Amor y pareja.
- Deporte, fitness y tiempo libre.
- Mente, cuerpo y espíritu.

E-books:
Todos los títulos disponibles en formato digital están en todas las plataformas del mundo de distribución de e-books.

Manténgase informado:
Únase al grupo de personas interesadas en recibir, de forma totalmente gratuita, información periódica, newsletters de nuestras publicaciones y novedades a través del QR:

Dónde seguirnos:

 | @amateditorial

   | **Amat Editorial**

Nuestro servicio de atención al cliente:
Teléfono: **+34 934 109 793**
E-mail: **info@profiteditorial.com**

LA INTUICIÓN

VANESSA MIELCZARECK

Descubre los 9 secretos de tu SEXTO SENTIDO

Amat
~xs~

© Vanessa Mielczareck, 2015
© Éditions Quintessence, 2011
© Profit Editorial I., S.L., 2025
   Amat Editorial es un sello editorial de Profit Editorial I., S.L.
   Travessera de Gràcia, 18; 6º 2ª; Barcelona-08021

Diseño cubierta: XicArt
Maquetación: Eximpre, S.L.
Traducción: Betty Trabal
ISBN: 978-84-10451-03-2
Depósito legal: B 21859-2024

Impresión: Gráficas Rey
Impreso en España - *Printed in Spain*

Índice

Introducción

Todas las respuestas están en nosotros, no se producen por azar

¿Por qué algunos toman buenas decisiones, están en el lugar adecuado y en el momento adecuado? ¿Por qué algunos están tan seguros de que sus decisiones les van a salir bien? ¿Por qué cuando se encuentran con algo nuevo saben inmediatamente identificar de qué se trata? ¿Cuál es el secreto que les empuja a elegir siempre lo mejor?

A pesar de nuestra inteligencia y sentido común, de nuestro deseo de conseguir siempre lo mejor y en algunos casos un elevado nivel de estudios, siempre hay momentos en la vida en los que nos falta lucidez y tomamos decisiones equivocadas. Es entonces cuando todo se complica. Es algo así como si una fuerza ajena a nuestra voluntad nos condujera a equivocarnos y en ocasiones a actuar en contra de nuestros propios intereses. En cambio, en otros momentos tomamos inmediatamente la decisión adecuada y entonces ocurren coincidencias extrañas, encuentros o acontecimientos que responden justamente a nuestras necesidades. Cuando esto ocurre todo nos parece evidente y vemos las cosas con total claridad. ¡Nuestra vida cambia entonces como por arte de magia!

¿Por qué en determinados momentos tenemos tanta claridad y fluidez y en otros en cambio una total oscuridad? ¿Y si la verdadera respuesta no estuviera en el azar o la mala suerte y estuviera en nuestra dinámica personal?

Este libro demuestra cómo nuestro estado de ánimo y nuestra percepción de las cosas influyen en todo momento en nuestras decisiones. Esto es lo que descubrirás en este libro basado en una afirmación fundamental: ¡Cada uno de nosotros tenemos el poder de tomar buenas decisiones gracias a la inteligencia de nuestra intuición puesto que todas las respuestas están en nosotros!

El libro pretende demostrar cómo utilizando nuestra intuición podemos realmente provocar ocasiones favorables, golpes de suerte que repercutirán en todos los ámbitos de nuestra vida. Cada uno de estos golpes de suerte representa una oportunidad de verificar el extraordinario potencial creador e intuitivo del que disponemos. Cada uno de nosotros podemos hacer realidad aquello que nos hace verdaderamente felices.

¡La gente feliz tiene sus secretos!

Más que presentar los resultados científicos obtenidos con la intuición, elogiarlos o intentar convencerte de su utilidad, este libro ha sido concebido para ayudarte a **desarrollar tu capacidad de ser intuitivo en tu vida diaria,** una capacidad que es real y única porque concuerda con lo que tú eres. Pero sobre todo este libro te propone 9 lecciones concretas ilustradas con numerosas aplicaciones prácticas que harán de catalizador de tu dinámica intuitiva. Todo ello te dará la fuerza que necesitas para tomar las riendas de tu destino.

Cada uno de los capítulos te ayudará a acceder más fácilmente a tu intuición y así arraigarla en tu sistema de pensamiento y mejorar tu vida de una forma duradera.

Para ser más consciente de la progresión, te sugeriría que tuvieras a mano una **libreta de la práctica de la intuición** en la que registrar tus experiencias y observaciones.

De esta manera tu mismo podrás medir los resultados de las pequeñas y grandes intuiciones que se producirán en el transcurso de los días. Este libro ofrece soluciones concretas para saber elegir intuitivamente una vida mejor, ¡una vida en la que abundará la suerte y la felicidad!, porque contrariamente a la idea que tenemos preconcebida, la felicidad no se encuentra en el exterior ni en los bienes materiales que uno posee sino que es una aptitud interior que se aprende y se mantiene, y donde la intuición juega un gran papel.

Al utilizar los 9 secretos que aquí presentamos te darás cuenta de que nada, o casi nada, es cosa del azar. Al profundizar en ti mismo, gracias al método propuesto, descubrirás enormes posibilidades a las que hasta ahora nunca habías tenido acceso.

¡Provoca casualidades felices en tu vida gracias a la capacidad de tu intuición!

La otra idea clave que defiende este libro es: «la casualidad no existe». Esta afirmación supone que nada ocurre fortuitamente en tu vida puesto que aunque no seamos conscientes de ello, todo en nuestra historia tiene una razón de ser. Cada una de nuestras experiencias, sean positivas o dolorosas, tienen un sentido especial que tenemos que descubrir y para ello la intuición es la ayuda que necesitamos.

El considerar que el azar no existe nos puede reafirmar en la idea de que los golpes de suerte no existen. Gracias a la intuición podremos estar atentos a las coincidencias que son señales que nos indican que estamos en el buen camino.

Si le dedicas un poco de tiempo regularmente, te darás cuenta de que incluso *tus sueños* pueden hacerse realidad. Algunos se sienten felices y quieren más, otros lo tienen todo para serlo pero no lo son, y otros creen que la felicidad no va con ellos. Las páginas siguientes están dedicadas a todos ellos y a los que no saben cómo utilizar su intuición.

¡Descubre ya mismo los 9 secretos de la intuición!

1 Descubre el poder de la intuición

¿Qué es la intuición?

Para elegir una orientación correcta, tomar una buena decisión o tener una idea que va a funcionar seguro, ¡tenemos a nuestra disposición una inteligencia fabulosa! Todos los que tienen éxito afirman que la intuición ha jugado un papel decisivo en su éxito. Para aprender a fiarse de ella más a menudo, tenemos que empezar entendiendo qué es en realidad la intuición.

Presentimiento, instinto, sexto sentido, *feeling*, voz interior, olfato, inteligencia intuitiva... sea cual sea el nombre que le demos a la intuición, siempre la utilizamos sin ser plenamente conscientes. Su amplio campo de aplicación nos permite dar sentido a una dificultad, presentir que un acontecimiento va a ocurrir, percibir el verdadero estado físico o psicológico de una persona, entender inmediatamente una situación, hacer buenas elecciones, estar inspirado, prevenirnos de un peligro y, sobre todo, gracias a sus sensatos consejos, ¡conducirnos hacia una mayor felicidad!

La intuición nos da una sensación de unidad, nos sumerge en una *convicción íntima* donde no cabe la menor duda. Si la seguimos, entramos en una corriente vital en la que todo es fácil y fluido. Además de su lado práctico, la intuición nos abre una nueva concepción de la vida y del mundo puesto que nos relaciona con un saber que llevamos en lo más profundo de nuestro ser. Veremos más adelante que la intuición está directamente vinculada al hemisferio derecho del cerebro y a todos nuestros sentidos detectores de la gestión de los **códigos de acceso a nuestro bienestar.** Su rol consiste en hacernos vivir experiencias positivas generando buenas respuestas. En el fondo todos sabemos qué es bueno o malo para nosotros, aunque no seamos siempre conscientes. Como la intuición todavía no forma parte de nuestra cultura más bien cartesiana, este libro te ayudará a aclarar algunas de sus facetas para que puedas *dominarla* y *canalizarla* y así utilizarla con total confianza en tu vida diaria. He conocido a muchas personas que piensan que la intuición es algo mágico, místico y, por tanto, reservado a unos pocos, o afirman que es poco fiable porque no se manifiesta cuando la necesitan y por eso descuidan esta aptitud. Desconocen el verdadero papel de la intuición y su aplicación concreta. De hecho, su faceta mágica, aquella que nos sorprende, es simplemente que cuando la seguimos podemos constatar la llegada de situaciones y acontecimientos favorables. ¿Quién no se ha lamentado nunca de no haber seguido su «primera impresión»?

Cuando decimos: «tengo la intuición de que...» en realidad estamos diciendo «sé que...». Todos tenemos intuición, lo que ocurre es que muchas veces la identificamos ¡cuando no la hemos seguido! Al ver los resultados de nuestras decisiones diarias es cuando tomamos conciencia a pesar desgraciadamente de haber recibido la información precisa.

Para ayudarte a identificar mejor una intuición y enseñarte a confiar en ella, tienes que saber que es una aptitud natural que se manifiesta a través de imágenes, impresiones, sensaciones, mensajes verbales... pero sea cual sea su modo de expresión siempre presenta un carácter de evidencia y de verdad por sí misma. Sabemos que la información es correcta porque se impone de una manera cierta en nuestra mente. A pesar de todo, debemos tener confianza y valor para seguirla ya que no se basa en la razón. Al principio ningún hecho tangible evidente parece probarla. El psiquiatra Carl Gustave Jung la ha denominado «función psíquica irracional».

Ahora se habla de la inteligencia intuitiva

No es una simple característica que la intuición esté arraigada en el hemisferio derecho de nuestro cerebro el cual está especializado en la imaginación, en nuestra capacidad de síntesis; es el que nos da acceso al mundo de las emociones, a nuestros cinco sentidos y a la información almacenada en nuestro inconsciente.

El proceso intuitivo se pone en marcha en el momento en que nos hacemos preguntas. A lo largo del día vamos acumulando y memorizando una gran cantidad de información sin que seamos plenamente conscientes. Esta información se va sedimentando en nuestro inconsciente y en un momento dado, en una fracción de segundo, aparece una intuición. Este proceso psíquico instantáneo permite reducir una situación compleja en una evidencia, tener esa brillante idea que va a prosperar...

Todo este proceso no tiene nada de casual sino que es el resultado de la combinación de nuestros encuentros, reflexiones, experiencias, aprendizajes, lecturas, películas que vemos, etc. En nuestro cerebro derecho se van creando *asociaciones automáticas* hasta que de repente se nos enciende una bombilla, es por esto que hablamos de inteligencia intuitiva. Sin embargo, la intuición no carece de racionalidad, ya veremos que tiene su propia lógica. Para la neurociencia, se trata básicamente del tratamiento y de la asociación de la información sensorial captada por nuestro cerebro sin que seamos conscientes de ello. De hecho, nuestra intuición pone de manifiesto la conclusión de este proceso. Nuestro cerebro, que está siempre al acecho, registra sensorialmente el más mínimo cambio en nuestro entorno con vistas a una posible adaptación. Es por esto que muchos neurocientíficos denominan a la intuición «inconsciente de adaptación».

La psicología moderna describe la intuición como un proceso de **exploración superficial**[1] por el cual en un abrir y cerrar de ojos entendemos qué está ocurriendo en una situación determinada. De hecho, en situaciones nuevas o poco habituales, o cuando tenemos que hacer algo instantáneamente, utilizamos este análisis «rápido», como si fuera un escáner: ¡lo sabemos aunque no lo podemos explicar!

A lo largo de este libro encontrarás pistas claras para saber utilizar esta fabulosa aptitud e identificar cuándo no está funcionando.

---

1. Ref. Gerd Gigerenzer, *Le Génie de l'intuition,* Belfond, 2009; Malcolm Guadwell, *La Force de l'intuition*, Robert Laffont; 2006 y Roland Jouvent, *Le Cerveau magique,* Odile Jacob, 2009.

¿Y si la intuición tomara otra dimensión?

Abordemos ahora la cuestión desde un punto de vista espiritual. No se trata de demostrar la existencia de la intuición sino de recurrir a las profundas convicciones que uno tiene sobre el sentido de la vida y de su presencia en la tierra. Para ello, podemos considerar la intuición como la expresión y la prolongación de nuestra alma que actúa gracias a la experiencia terrestre. Se convierte así en la *voz de nuestro corazón* y la denominaremos nuestra *guía interior*. En este momento le daremos una dimensión sagrada y le otorgaremos valores tales como la sabiduría, la compasión, la presencia divina...

¡Es así como introducimos lo sagrado en nuestra vida cotidiana!

Los cuatro parámetros de una intuición

* Parece surgir de ninguna parte.
* Sabemos que es cierta pero no sabemos por qué.
* Es tan convincente que nos incita a actuar.
* Al escucharla surgen oportunidades favorables.

¿Para qué sirve? ¿Podemos fiarnos de ella?

Acabamos de ver que la intuición es un poderoso aliado. Al que sabe escucharla le ayuda a tomar buenas decisiones, estimula su creatividad, le ofrece una comprensión inmediata de una situación complicada, etc.

Tanto si se trata de cambiar de trabajo, lanzar un nuevo producto, contratar a un nuevo colaborador, encontrar un piso nuevo, saber si va a vivir una bonita historia de amor con alguien que acaba de conocer, o de algo más pragmático como es elegir la vestimenta para cada día, la intuición siempre será la mejor consejera. Paradójicamente, el exceso de información o el análisis de datos, nos pueden hacer perder la eficacia porque frenan la toma de decisiones. Nuestra mente racional es excelente en los detalles, pero pierde demasiado tiempo sopesando los pros y los contras.

La intuición nos permite encontrar rápidamente la respuesta que orientará nuestras acciones y se verificará a continuación por los hechos. Seamos o no conscientes, la intuición juega un papel muy importante en nuestras decisiones diarias. Tenemos que saber que suele manifestarse cuando estamos preocupados emocionalmente. Cuando creemos que un contrato se nos escapa o que nuestra pareja está cansada de nosotros es entonces cuando activamos nuestro «radar» intuitivo para detectar la más mínima señal y poder reaccionar. También se manifiesta en nuestras actividades cotidianas o en nuestros centros de interés. En estos momentos, nuestra conciencia se agudiza y nos podemos anticipar con una precisión sorprendente. Por ejemplo, un médico que sea empático aprovechará su intuición para hacer más rápidamente un diagnóstico y ayudar a su paciente. Un director de proyectos detectará mejor el producto que debe lanzar al mercado. Profesionalmente, nos hace ser mucho más eficientes. Son muchos los directivos y políticos que la utilizan frecuentemente para decidir, saben que es un punto clave en el éxito de un proyecto. Para ilustrar esto, dos testimonios recogidos por la periodista Patricia Coignard para una revista femenina para la cual fui entrevistada:

En el área de recursos humanos cada contratación nueva es un reto. Un buen reclutador es, en mi opinión, el que tiene inteligencia emocional, sabe hacer emerger y escuchar sus intuiciones y es capaz al mismo tiempo de comprobarlas haciendo uso de métodos profesionales. Pienso pues que no hace falta oponer racionalidad e intuición, sino que ambas se complementan. Desde hace decenas de años, la estrategia de reclutamiento de L'Oreal, presta más atención a la personalidad y a las cualidades intrínsecas de un candidato que a su carrera o a su perfil. En mi opinión lo que debería hacer un grupo como el nuestro es hacer el reclutamiento sin el currículo porque éste frena sin lugar a dudas la intuición.[2]

A continuación el segundo testimonio:

¡Cuando se está dispuesto a luchar en nombre de la intuición es porque es buena!

Débora Altman, editora de imágenes de *Figaro*:

En mi profesión la intuición es fundamental. A la hora de reclutar me permite evaluar si un posible candidato comparte conmigo la misma visión de la fotografía, si posee el instinto de la imagen y si complementa mis áreas de experiencia. La selección de las imágenes se realiza primero en función del material y luego de los lectores. Después es cuando interviene la intuición de la redactora de imágenes que es la que le indica enseguida de qué manera el lector va a entender la imagen, qué es lo que le quiere decir. ¿Cómo saber si una intuición es buena? ¡Cuando se está dispuesto a luchar por una foto con los jefes del periódico!

2. Entrevista de Jean-Claude Legrand, director mundial de reclutamiento y de la diversidad de L'Oreal. «Reclutar sin CV, ¿por qué no?» *Questions de Femmes*, nº 147, julio 2009.

La intuición está cada vez más presente en nuestra mentalidad. Las revistas le dedican artículos enteros y cada vez viene más gente a escuchar mis conferencias.

El sistema educativo empieza a interesarse por ella. Por ejemplo, actualmente en Francia, la intuición se estudia en las escuelas superiores más importantes y en las facultades de ingeniería. La prestigiosa HEC (Haute École de Commerce) ofrece un curso sobre la intuición, lo cual es una buena noticia para los futuros directivos y en definitiva ¡para nuestra sociedad!

Escribe tus intuiciones

Ahora que ya has leído la «primera lección», tienes una idea más precisa de qué es la intuición. Has de saber que si alguna vez has seguido un mensaje que te ha provocado complicaciones y sufrimientos duraderos es que no se trataba de una intuición. Pero esto lo veremos más adelante. Ahora recuerda intuiciones que hayas podido tener, las hayas seguido o no. ¿Qué es lo que te ha marcado? ¿Has sentido algo específico, un rayo de lucidez, frases que daban vueltas en tu cabeza? Anota todo lo que se te ocurra.

Secreto n.º 1

La intuición es una aptitud natural producto de una función de nuestro cerebro derecho que surge y se impone como una convicción profunda. Si se escucha surgen oportunidades favorables. Para conocer mejor el funcionamiento de nuestra intuición, tenemos que entrenarnos a seguir sus mensajes y a verificar los resultados en nuestra vida.

2 Cómo funciona la intuición

¿Cómo reconocer una intuición y captar información útil?

Para seguir tu intuición tendrás que estar en condiciones para identificarla cuando se manifieste. Ya hemos visto que el objetivo de la intuición es proporcionarnos una respuesta, una aclaración, y orientarnos sobre una situación. Se manifiesta de varias maneras específicas utilizando tres de nuestros canales sensoriales. Cada persona posee un modo de percepción privilegiado y es interesante identificarlo para amplificarlo y sobre todo para poder utilizarlo mejor. Veámos ahora cómo se manifiesta la intuición.

En primer lugar se manifiesta de un **modo auditivo,** nos susurra cosas en la cabeza, es como una vocecita. Esta intuición nos ayuda sobre todo en los aspectos prácticos de nuestra vida dándonos directrices bien precisas. Puesto que son muchas las ideas que pasan por nuestra cabeza, te sugeriría que, para verificar si se trata de una intuición, siguieras los mensajes para confirmar o no la *respuesta* en los hechos. Para familiarizarte con su funcionamiento, tendrás que empezar por validar informaciones anodinas para que, en caso de que te equivoques, las consecuencias no sean importantes. Por ejemplo, si algo te dice «ve a tal sitio» y cuando vas te encuentras con una persona que justamente querías ver, o «llama a esta persona» y durante la conversación te da una información que tu necesitabas, «saca aquel expediente» y descubres que hay un error.... A partir del momento en que uno está frente a una intuición, se obliga a esperar un *elemento de respuesta interesante* en la realidad. Si no pasa nada especial, es que no se trataba de una intuición y en el capítulo 3 veremos qué podría ser un mensaje de este tipo. En el periodo de entrenamiento irás recibiendo indicaciones muy valiosas para aprender a detectar la entonación de la voz de tu intuición. En función de los resultados que vayas obteniendo, podrás seguir sin riesgo directrices cada vez más importantes.

El segundo canal, el **quinestésico,** nos informa de los sentimientos, de las sensaciones físicas que pueden ser agradables o desagradables. Éstas pueden ir desde la dilatación o contracción del pecho, hasta el malestar o dolor de estómago, todo depende de la situación de que se trate. Nuestro cuerpo es un mensajero formidable para acceder al lenguaje intuitivo a través de las sensaciones físicas acompañadas de sentimientos y emociones generalmente intensas. Nuestro cuerpo se convierte así en un barómetro infalible que nos previene de aquello que está a punto de suceder. A esto lo denominamos presentimiento. Las personas predispuestas a esta intuición quinestésica están muy en contacto con sus emociones. Son muy sensibles al ambiente de un lugar, por ejemplo, porque entran fácilmente en simbiosis con su entorno. De la misma manera, pueden intuir el estado de una persona por ósmosis. Esta singular sensibilidad les permite «sentir» y tener buen olfato; además suelen fiarse de sus primeras impresiones. Es gente que sabe espontáneamente.

Por último, la **intuición visual** se manifiesta a través de los flashes que se imponen en la mente como evidencias. Este tercer canal actúa como un radar que recibe información y la recoge en nuestro lado visionario. La persona con intuición visual dispone de la capacidad de ver claramente imágenes, símbolos o escenarios. Esta intuición pone en funcionamiento nuestras antenas lo cual favorece el acceso al juicio y al lenguaje de las señales, a la previsión, y así a la posibilidad de anticipación. «Vemos» los hechos antes de que ocurran y así podemos reaccionar y modificar las cosas antes de que ocurra una desgracia. En un instante, podemos escanear una situación determinada.

La intuición, considerada también nuestro sexto sentido, completa los cinco modos de percepciones sensoriales con los cuales percibimos nuestra realidad (visual, quinestésico, auditivo, gustativo y olfativo). Con el tiempo y la práctica podremos ir familiarizándonos con esta fabulosa aptitud para utilizarla con total confianza.

A veces la información que recibimos es evidente y se comprende inmediatamente; otras veces, nos llega de manera simbólica y necesitamos descifrarla. En cualquier caso, se trata de un verdadero lenguaje que hay que aprender para poseer todas las claves. Es por esto que algunas personas consideran que es difícil fiarse de la intuición. Si en algún caso han malinterpretado una información o las señales percibidas y la decisión que han tomado ha complicado sus vidas, considerarán que la intuición ha sido falsa. Sin embargo, la intuición, por esencia y por definición, es **siempre justa.** Si uno se equivoca es porque no está en presencia de una intuición sino de la expresión de un deseo, imaginación, pensamiento, voluntad, miedo, proyección... En el capítulo 3 hablaremos de ello. Si una intuición te deja perplejo, no te desanimes, ponla a un lado con la **intención** de dejar que se clarifique. Seguramente al cabo de unos días tendrás la respuesta. En ese momento sabrás que es la **respuesta** que estabas esperando.

¿La intuición es un don o todos somos intuitivos?

La idea de que algunas personas son intuitivas y otras no está bastante generalizada. En realidad, es una función que existe en todos y cada uno de nosotros pero que debemos explotarla. Se suele hablar de la *intuición femenina*, aunque ésta no es exclusiva de las mujeres, pero sí que ellas son más sensibles porque son más receptivas y contactan fácilmente con sus emociones. De hecho, es esta polaridad femenina de nuestra identidad que nos vincula directamente con las cualidades de la creatividad, la receptividad, el saber escuchar, la que nos permite contactar más fácilmente con nuestra intuición. Los hombres de hoy en día están más capacitados a acceder a la intuición porque aceptan mejor su polo femenino. Lo que ocurre muchas veces es que la utilizan sin tener realmente conciencia de ello y sobre todo sin decírselo a sus allegados. Consideran que hablar de intuición a la hora de tomar decisiones no es demasiado serio. Esta reticencia sigo constatándola hoy en día. Recientemente, una periodista de una revista para directivos me ha entrevistado sobre este tema. Para ilustrar el artículo me pidió testimonios de profesionales, de directivos... la mayor parte de las personas a las que les pedí colaborar rechazaron mi petición ¡por guardar una imagen seria ante sus colaboradores!

Aunque todos tengamos a nuestra disposición este fabuloso potencial innato, nuestra cultura nos ha condicionado a utilizar y a privilegiar el hemisferio izquierdo de nuestro cerebro. Pero lo racional no está forzosamente capacitado para responder a todas nuestras preguntas. Si solamente utilizamos el lado cartesiano, probablemente no tendremos respuesta a muchas preguntas porque muchas de ellas se le escapan.

Si somos conscientes de esta limitación, nuestra inteligencia intuitiva (el cerebro derecho) podrá entonces tomar las riendas para dar sentido a las cosas. Esta inteligencia orienta nuestras decisiones por su poder anticipador pero, como no siempre tenemos pruebas inmediatas de su eficacia solemos desconfiar de ella. Después, cuando constatamos cómo se nos ha complicado la vida, nos arrepentimos de no haber escuchado a nuestra intuición. Son muchos los que entonces dicen: «¡Ya lo sabía!»

Éstas son las dos inteligencias del neocórtex que utilizamos para entender las situaciones por las que pasamos: todos tenemos interés en utilizar el potencial de las dos partes del cerebro para materializar nuestras intuiciones y ser guiados con éxito.

Inteligencia cartesiana y lógica (hemisferio izquierdo)	Inteligencia intuitiva (cerebro derecho)
a) Lógica, racional, nos da *explicaciones* exteriores, razones sobre las cuales no tenemos ni decisión ni poder.	a) Da sentido y razón de ser a las experiencias por las que pasamos teniendo en cuenta nuestra implicación personal en lo que nos llega.
b) Determina sobre todo las causas materiales, aquello que nos conduce habitualmente a echar la culpa de lo que nos ocurre a otros.	b) Capacidad de percibir la globalidad de las cosas que se presentan en la que el exterior es un espejo, un eco de nuestro «mundo interior».
c) Sentimiento de impotencia ante la vida: resentimiento, celos, frustración...	c) Toma de conciencia de nuestra parte de responsabilidad en los hechos, lo cual nos permite reajustarnos interiormente.
d) Comprensión limitada de la realidad que deja la puerta abierta a las proyecciones y a la posible repetición de las situaciones.	d) Nos da plenos poderes porque sabemos que, si cambiamos de manera de pensar y de actitud, encontraremos la solución.
e) No aprovechamos más que una parte de la realidad (un ángulo).	e) Las coincidencias tienen todo el sentido y la percepción de esta realidad, genera golpes de suerte en la vida.

Inteligencia cartesiana y lógica (hemisferio izquierdo)	Inteligencia intuitiva (cerebro derecho)
Sus recursos:	Sus recursos:
• Acción	• Intuición, anticipación
• Organización	• Creatividad
• Dominio y estructura del tiempo	• Sensibilidad
• Poder de materialización	• Receptividad
• El pasado determina el presente y el futuro	• La proyección del futuro influye en el presente
• Sin línea causa-efecto	• Sentido global de los hechos

Para intensificar nuestra inteligencia intuitiva tenemos que cultivar un estado de ánimo constructivo y tener el reflejo de querer descubrir el sentido de lo que ocurre en nuestra vida. Sobre todo tenemos que conocernos bien ya que cuanto más nos conozcamos, mejor escucharemos los mensajes intuitivos de entre la multitud de información y de ideas que nos surgen diariamente, y cuáles son sus modos de expresión.

Test: ¿Eres intuitivo?

Fijémonos en cómo funciona tu intuición.

¿Eres más de tu cerebro derecho o del izquierdo?

¿Apoyas tu intuición sobre el canal visual, auditivo o quinestésico?

Responde al cuestionario de forma espontánea eligiendo la respuesta que corresponda a tu manera habitual de funcionar. Después suma los resultados y lee el comentario final.

Test de intuición visual (V)	Sí	Un poco	No
Analizo la situación, la comparo, la evalúo, me fío únicamente de mi análisis.	0	1	3
Tengo en cuenta únicamente los hechos que veo porque soy realista.	0	1	3
Paso rápidamente a la acción sin reflexionar demasiado.	3	1	0
Recuerdo más la fisonomía de una persona que el nombre.	3	1	0
Las situaciones me caen encima de manera imprevisible.	0	1	3
Admito la realidad y entreveo siempre otras percepciones no visibles a simple vista.	3	1	0
Paso mucho tiempo en silencio y soy observador/a.	3	1	0
Hago planes y los llevo a cabo con buen criterio.	3	1	0
Soy indeciso/a y me cuesta elegir.	0	1	3
Sé prever y anticipar las cosas.	3	1	0
Paso tiempo mirando las nubes para identificar las formas que dibujan.	3	1	0
Total sobre 33:			

Test de intuición quinestésica (Q)	Sí	Un poco	No
Soy empático/a, me pongo en el lugar del otro. Su situación me interesa.	3	1	0
Identifico los mensajes de mi cuerpo a partir de las sensaciones que siento.	3	1	0
Cuando conozco a alguien enseguida siento si es positivo para mí. Me fío de mi impresión y nunca fallo.	3	1	0
Soy espontáneo/a y sigo mis convicciones.	3	1	0
Me fío de mis sentimientos.	3	1	0
Cuando recibo una noticia buena o mala demuestro mis sentimientos.	3	1	0
Ofrezco mi tiempo sin esperar nada a cambio.	3	1	0
Escucho a mi cuerpo para saber qué necesito.	3	1	0
Soy indiferente a los problemas de los demás, no me preocupan nada.	0	1	3
Me gusta sentir y experimentar sensaciones fuertes.	3	1	0
Estoy en sintonía con la naturaleza, la gente y todo lo que me rodea.	3	1	0
Total sobre 33:			

Test de intuición auditiva (A)	Sí	Un poco	No
Sé salir de caminos erróneos y tomar una nueva dirección.	3	1	0
En el transcurso de una conversación «oigo» aquello que no se dice verbalmente.	3	1	0
Escucho la opinión de los otros pero no dejo que me influya en la mía.	3	1	0
Me fío de mi «voz interior» aunque la lógica no corrobore mi decisión.	3	1	0
Paso tiempo escuchando la naturaleza y música relajante.	3	1	0
Hablo mucho, me llaman charlatán.	0	1	3
Digo lo que pienso aunque no guste.	3	1	0
Escucho y sigo los mensajes que me llegan al alma porque sé que son intuiciones.	3	1	0
Sigo los dictados de la razón lógica.	1	2	3
Hablo a las plantas, a los árboles, a los animales.	3	1	0
Estoy a punto de decir lo que otro está pensando.	3	1	0
Total sobre 33:			

Pregunta adicional:

	Sí	No
Ya he consultado a un astrólogo o a un vidente.	1	0

Resultado final
(V+Q+A+ pregunta adicional =100)
Su total ... + ... + ... + ... = $\dfrac{...}{100}$

Esta cifra revela tu porcentaje de capacidad intuitiva a día de hoy.

Comentario del test

Primero de todo, las letras representan el registro en el cual te inscribe el test. La cifra más elevada indica tu canal de percepción privilegiado:

Visual = Flashes

Quinestésico = Sensaciones

Auditivo = Mensajes verbales

Al comparar las cifras de cada uno de estos tests verás cuál es tu canal privilegiado y podrás reforzarlo desarrollando al mismo tiempo los otros dos.

De 0 a 33: Tu vida está guiada por un enfoque esencialmente racional de los hechos. Tienes necesidad de pruebas, de seguridad y generalmente controlas la situación. Dejas poco espacio a lo irracional y a la intuición porque no las domina. Eres sensato y conoces el resultado desde el punto de vista material pero cuando aparece un problema, las cosas se te pueden complicar porque tú no sabes muchas veces salir de tu lógica. En caso de un golpe fuerte, empezarás a creer en alguna cosa superior.

De 33 a 66: Eres receptivo, te interesas por tus capacidades intuitivas pero no sabes cómo utilizarlas realmente. Tienes problemas para identificar tu intuición y a veces te equivocas. Te formulas preguntas y lees para encontrar las respuestas. Tendrías que trabajar más tu propia persona porque la intuición se te presenta siempre, pero tu falta de confianza te impide seguirla. Es posible que en tu casa tenga cartas del tarot para predecir el futuro. Seguramente habrás leído libros como *Conversaciones con Dios, La profecía de los Andes* o *El secreto*.

De 66 a 100: Intuitivo y clarividente, sabes utilizar tu intuición (sobre todo si tu puntuación se aproxima al 80%) y detectas las señales y las coincidencias. También eres capaz de adivinar qué les pasa a los demás. También puedes tener flashes, una comprensión inmediata de una situación. Tu visión de la vida es ante todo positiva y, cuando es necesario sabes pasar página. Normalmente tus problemas se resuelven rápidamente y crees en tu suerte. Ahora bien, al estar dotado de una gran sensibilidad tendrás que aprender a protegerte, a ponerte límites para no hacer tuyos los problemas de los demás. Piensa también en pasar a la acción, porque es ella la que te mostrará el progreso real y te mantendrá en contacto con la realidad.

Descubre tus códigos de respuesta: sí o no

Para conocer la orientación de una respuesta y descifrarla mejor, empieza por identificar tus propios códigos de la afirmación y de la negación. Responde a las siguientes preguntas recordando dos situaciones:

1. Situación positiva = Sí

* ¿Qué sientes? ¿En qué parte del cuerpo? ¿Cuáles son las sensaciones?
* ¿Qué ves? Imagínate un símbolo
* ¿Qué oyes? ¿Un sonido, palabras?

2. Ídem para la situación negativa = No

Sigue este modelo para precisar otros parámetros con los siguientes términos:

* Abierto / Cerrado
* Empieza / Acaba
* Confianza / Señal de advertencia

Cada vez que te formules una pregunta, escucha tu lado intuitivo. ¡Te dará el principio de la respuesta!

He aquí otra propuesta para obtener respuestas que podrías practicar por la noche antes de acostarte. Formúlate una pregunta que te inquiete y proponte obtener una respuesta. Es muy probable que cuando te despiertes te acuerdes de algún sueño que te dará las respuesta. Si no es así, estáte atento durante todo el día porque algún indicio te aparecerá.

Por último, y de una manera más lúdica, juega a las adivinanzas: cuando suene el teléfono intenta adivinar si será un hombre o una mujer, cuando vayas a buscar el correo di cuántas cartas crees que habrás recibido, etc.

Después de seis meses de entreno, repite el test anterior y verás como los resultados muestran una progresión. Veámos a continuación qué puedes hacer para familiarizarte mejor con tu intuición:

* Elimina de la cabeza tus preocupaciones recordando momentos agradables de tu vida.

* Repítete que tú ya eres intuitivo.

* Relájate unos momentos respirando conscientemente (10 minutos diarios).

* Practica los ejercicios de visualización de este libro, son fáciles y muy efectivos.

* Evalúa los beneficios de haber seguido una de sus intuiciones.

* Recuerda que sabes qué es bueno para ti y que por eso posees buenas respuestas.

Técnicas para contactar y canalizar tu intuición

Te voy a mostrar ahora una visualización primordial para entrar conscientemente en el mundo intuitivo y aprender a dominarlo. Esta técnica pretende reeducar tu cerebro derecho y ponerlo en modo intuitivo. Hace muchos años que propongo esta técnica a mis alumnos y he podido constatar cómo ha mejorado la calidad de la información intuitiva que reciben durante el curso. Tú puedes aprenderte el texto o grabártelo para practicar esta experiencia lo más a menudo posible. **La visualiza-**

ción es una sugerencia de ideas positivas que desencadenan emociones positivas. En esta práctica utilizamos nuestra imaginación y todos nuestros sentidos lo cual nos permite centrarnos, controlarnos, estimular nuestras capacidades y desarrollar nuestros potenciales. Con un poco de entreno, aprenderás a utilizar esta visualización y serás más intuitivo, además te abrirás a otras dimensiones más sutiles de la existencia. Este ejercicio de dialogar con nuestra intuición, nos hace ser más receptivos y podemos aplicarlo en muchos terrenos.

Visualización de base

Desarrolla tu intuición

* Acomódate en posición sentado o tumbado. Cierra los ojos y dedica unos minutos a relajarte. Haz respiraciones profundas y presta atención a todo tu cuerpo, desde la cabeza hasta la punta de los pies. Toma conciencia de tu cuerpo y relájate, respira pausadamente, deja ir tus pensamientos, céntrate únicamente en tu respiración que viene a ser como una ola...

* A continuación, en tu campo de conciencia, visualiza, siente la presencia de un bonito paisaje natural: se trata de tu tierra interior simbólica. Imprégnate de ella con ayuda de tus cinco sentidos. Imagina que estás ahí. Camina, avanza hasta meterte de lleno en esta naturaleza. Tu estado de conciencia se modifica... Cuenta mentalmente hasta 15. Procura entrar en una mayor lucidez... una percepción donde todo se agudiza.

- Déjate llevar hasta un lugar luminoso, tranquilo, magnífico. Imagina como desearías que fuera. Este lugar desde el que ves las cosas a cierta distancia está inundado de todas las cualidades y recursos que tu posees: confianza, serenidad, amor... Imagínate en este lugar, lejos de toda preocupación. ¡Te sientes maravillosamente bien! Procura ahora contactar con tu intuición, tu guía interior, tu sabiduría interior... (elige el término que tú quieras).

  Siéntete libre para utilizar plenamente tu intuición.

- Ahora, deja que las preguntas fluyan por tu mente para empezar a dialogar con tu intuición. Escucha las respuestas que te puedan llegar en ese instante. Presta atención a las impresiones, a las palabras, a las imágenes que puedan surgir... Si no emerge nada, piensa que durante todo el día irán apareciendo las respuestas y que se manifestarán de maneras diferentes. Todo puede tener sentido: una canción en la radio, una llamada telefónica, un cartel publicitario... ¡Sabrás intuitivamente que ésa es tu respuesta!

- Cuenta ahora hacia atrás: 15, 14, 13... hasta 1, para volver tranquilamente a tu estado de conciencia normal. Vuelve a respirar profundamente. Muévete, estírate un poco y abre los ojos. Te sentirás diferente, con confianza en ti mismo.

Con la práctica aprenderás a realizar esta preparación sin demasiado esfuerzo. En unos instantes sabrás reencontrarte con este estado de disponibilidad intuitiva. Si encuentras dificultades para profundizar en esta técnica, haz algún curso de yoga o de relajación.

Acostúmbrate a escribir diariamente el fruto de tus experiencias intuitivas. Así podrás medir tu progreso y seguir animado en este camino.

Aprende a protegerte para canalizar tu intuición

Las personas quinestésicas tienen tendencia a entrar en simbiosis con su entorno, a sentir demasiado lo que pasa a su alrededor. Con el tiempo, este exceso de empatía puede llegar a crearles problemas ya que pueden sentirse «agredidos». Si tú eres uno de ellos, tendrás que poner límites de verdad entre ti y el exterior y tomar medidas de protección para poder intensificar tu intuición. Esto es lo que vamos a ver a continuación.

Cada uno de nosotros emana una energía propia. Quizás tú lo hayas experimentado alguna vez en el transporte público por ejemplo. Puede ser que algún día hayas tenido una sensación desagradable en presencia de alguna persona que ni siquiera conocías. Intuitivamente, has sentido la necesidad de alejarte de ella, sin que nada lógico explicara esa sensación. Lo más probable es que hayas captado su energía e, inconscientemente, alguna cosa te haya molestado. Tus canales de percepción son como radares que te informan para saber inmediatamente qué ocurre a tu alrededor. La intuición te permite tener información complementaria sobre un tema en concreto para adoptar la actitud más apropiada.

Ya hemos visto que el hecho de que estemos constituidos de energías que circulan permanentemente nos lleva a intercambios constantes con aquellos que nos rodean. Estos intercambios son inconscientes, sólo la conciencia de nuestras sensaciones corporales nos permite identificarlos. Incluso podemos identificar la intención de alguien antes de que haga el menor gesto...

Según las circunstancias, puede ocurrir que nos sintamos vacíos, o al contrario, cargados de un peso pesado después de haber visitado a un allegado. Nuestro estado interno ha cambiado. Si nos ha dejado una impresión de vacío y de fatiga, significa que la persona nos ha «bombardeado» involuntariamente. Es frecuente el caso en presencia de personas débiles o enfermas, depresivas o en estado de estrés importante, pero también con personas dominantes o en fase hiperactiva. Y a la inversa, si nos sentimos «cargados» es que nos hemos comportado como una esponja absorbiendo todo el malestar del otro. Una vez nos hayamos ido, ¡esa persona se sentirá vivificada!

Dos etapas para protegerte

Atrévete a decir no para poner límites psicológicos

Para modificar verdaderamente este estado «esponja», los quinestésicos deben también efectuar un trabajo real en el ámbito conductual. La particularidad de estas personas es que suelen decir sí a todo el mundo sin tener en cuenta sus propias necesidades. Esta dificultad a decir no, atañe también a aquellos que tienen por costumbre hacer mucho por los demás. Demasiado quizás. Estas personas tienen fama de ser buenas y generosas, y al estar siempre dispuestas a sacrificarse y a conceder su tiempo, muchas veces los demás abusan de ellas, voluntariamente o no. Están dispuestas a hacer cualquier favor aunque no tengan ganas, yendo así en contra de su propio deseo. Siempre hacen demasiado y esto va en detrimento de su equilibrio personal. Inconscientemente y por miedo muchas veces a ser rechazadas, cultivan la imagen de madre bondadosa, padre bueno, buen amigo, buen alumno, empleado modelo... Su entorno les gratifica y les agradece por lo que hacen, lo cual les reconforta la imagen positiva que tienen de sí mismas, y al mismo tiempo, les anima a seguir dando siempre demasiado. Muchas veces no osan decir no por miedo a parecer egoístas. Pero dejar pasar sistemáticamente al otro por delante de uno mismo es ser infiel a su propio deseo. Esta actitud, a la larga, les creará problemas.

En familia, en pareja, en el trabajo, en la sociedad, hay determinadas situaciones que no nos convienen y que tenemos que rechazar. Sin embargo, nuestra timidez, nuestra falta de seguridad, o nuestro deseo a complacer a toda costa, nos impide a veces decir no. En lugar de exponer claramente nuestro punto de vista o un desacuerdo, huimos, ofrecemos resistencia pasiva o decimos sí a regañadientes. Aprender a decir no, nos permitirá poner límites y hacernos respetar.

Practica este consejo un día, una semana....

Ejercicio: visualiza tu protección

Tú sabes que es necesario poner límites verbales y psicológicos, ya que éstos tienen una influencia en tu capital de energía. El ejercicio que viene a continuación es fácil y te permitirá disponer de una barrera o protección personal gracias a la cual podrás preservar tu energía sin dispersarla.

- Practica la respiración consciente, relájate...

- Visualiza una bola de luz que te envuelve que puede tener forma de huevo. Tú la ves y te sientes como en el interior de este huevo luminoso, protegido y vivificado. También puedes hacer este ejercicio imaginándote dentro de una pirámide de cristal. Elige tu símbolo, crea en ti un sentimiento de seguridad, de plenitud...

- Desde este rincón de ti mismo, tendrás una gran lucidez... Haz el propósito de estar protegido durante todo el día.

Prueba a hacer este ejercicio por ejemplo cuando tengas que encontrarte con mucha gente durante el día o si tienes que visitar a un enfermo.

Al final del día, fíjate en cuál es tu estado corporal y si la protección ha influido en él.

Secreto n.º 2

Una respuesta intuitiva es un mensaje verbal, una sensación o una impresión intensa, un flash o un rayo de lucidez.

El punto en común de estos tres modelos de percepción es el carácter convincente de la información recibida. ¡Lo sabemos, no sabemos por qué pero lo sabemos!

3

Aprende a identificar los verdaderos mensajes de tu intuición

Aprende a distinguir aquello que no es intuición

«¿Cómo saber que mi sentimiento, mi voz interior o la imagen que me viene a la mente es una intuición? ¿Cómo estar seguro de que es una buena intuición y no el fruto de mi imaginación, la proyección de mis miedos o de mis sueños?», éstas son las preguntas que me suelen hacer en las conferencias.

El problema existe evidentemente: muchas veces no escuchamos suficientemente a nuestra intuición porque no la reconocemos como cierta. Parece difícil extraer un *mensaje* intuitivo entre la multitud de información, ideas, percepciones y sensaciones que nos invaden diariamente. Estudios científicos sobre el cerebro han demostrado que ¡tenemos alrededor de 60.000 pensamientos por día! Aunque muchas veces nos parezca que no pensamos en nada, en realidad no es más que una impresión porque nuestro cerebro está en constante actividad.

Al llegar a la edad adulta nuestra intuición está tan integrada en nuestros otros procesos mentales que no se puede utilizar independientemente de nuestros pensamientos y deducciones lógicas y racionales, de nuestros sentimientos... Nuestra cultura y nuestra educación, más bien cartesianas, han alentado y orientado nuestra manera de razonar y por tanto de actuar. Nuestro intelecto ha tenido el privilegio de alejarnos de la escucha de nuestros sentimientos y sensaciones. De repente no sabemos cómo servirnos de él ni cómo darle el verdadero significado para confiar en él.

Para familiarizarnos con el funcionamiento de nuestra intuición y poder seguirla con total seguridad, tenemos que poner en orden el flujo de información que recibimos. Esto nos evitará un gran número de errores y dejaremos de acusar de falsa a nuestra intuición. Para ello tendremos que hacer el trabajo indispensable de conocernos a nosotros mismos y saber qué es lo que nos empuja a tomar decisiones cada día. Esto es precisamente lo que vamos a ver en este capítulo. Pero antes debo puntualizar que no creo que tengamos el 100% de éxito para cada una de nuestras decisiones como si de una ecuación racional se tratara. Incluso aunque la intuición se manifieste, su puesta en práctica en la realidad no siempre es evidente. Una parte de nuestro inconsciente está siempre a la *sombra* de nuestra mirada. Esto puede intervenir en nuestra realidad cambiando los datos aunque nosotros hagamos un trabajo personal. Aprenderás con este libro a ser cada vez más consciente y a recibir y controlar los elementos negativos para convertirlos en una ventaja para ti. A partir del momento en que entremos en la plena conciencia, nuestra intuición nos acercará inevitablemente hacia lo mejor. Antes de ver aquello que normalmente confundimos con intuición te recuerdo la directiva esencial que pretendemos desarrollar.

Para que te entrenes en reconocer una verdadera intuición haz el ejercicio de seguir un mensaje que te parezca significativo y que corresponda a alguna de tus preocupaciones actuales.

Empieza naturalmente por escuchar las indicaciones que no vayan a complicarte la vida. Elige pequeñas acciones a realizar y después observa el resultado obtenido: tiene que ser algo bueno, favorable para ti y para tu vida.. Es este resultado positivo el que nos indica que hemos sido guiados por una intuición y el que nos conduce indudablemente hacia una mayor comprensión y facilidad para resolver las situaciones difíciles. Esto nos servirá también en momentos de caos porque éstos forman parte del cambio.

Veámos ahora cómo nos equivocamos.

¿Qué es lo que confundimos por intuición?

Si tú has seguido un mensaje y te ha generado complicaciones o el resultado ha sido contrario al que deseabas, si te ha causado problemas duraderos y un sentimiento de malestar, has de saber que no se trataba de una intuición sino de alguna de las expresiones siguientes:

* Un **deseo** o un **sueño** imposible de materializarse por ser ilusorio. A veces, alimentamos sueños que están demasiado alejados de nuestra realidad o de nuestras verdaderas capacidades. Evidentemente, yo estoy a favor de la idea de que todo es posible pero siempre que lo que queramos sea coherente con nuestra identidad, nuestro campo de acción físico y psíquico, nuestro entorno social y nuestra convicción personal. Esto implica estar lúcido con respecto a uno mismo. No es raro que una persona tenga un deseo muy fuerte y piense que se trata de una intuición y que cuando ésta no se realiza y le

ocasiona problemas, acuse a la intuición de ser falsa y mala consejera por decepción y frustración.

- Un **temor** o un **miedo** que nos invade. A veces el miedo es persistente e incluso inquietante y esto es uno de los errores que más a menudo cometemos: ¡confundir un miedo con una intuición!

Por ejemplo, cuando emprendemos un proyecto que no dominamos o cuando atravesamos una situación preocupante, podemos llegar a confundir el miedo con un mal presentimiento. Fíjate que muchas veces tenemos una predisposición a imaginar lo peor. Esto se puede traducir como una falta de confianza y de autoestima o una mala evaluación de los factores. En momentos así, tenemos miedo de fracasar, de perder lo que tenemos. Tendremos pues que aprender a asumir la posibilidad del fracaso, integrar esta posibilidad para transformar el miedo al fracaso en un propulsor del cambio. Muy a menudo, lo que tememos tiende a hacerse realidad. Al concentrarnos en esta emoción y al estudiar con precisión sus posibles consecuencias sobre nuestra vida, favorecemos su materialización. Si dirigimos de esta forma la energía de nuestros pensamientos, canalizamos una *intención* de fracaso que actúa como si fuera una predicción aunque lo que deseemos sea precisamente escapar de este final. Para salir de esta espiral y alcanzar una vida armoniosa, tenemos que llenar de positivismo nuestros pensamientos y nuestras palabras.

Las personas hipersensibles o pesimistas saldrán ganando si aprenden a gestionar sus emociones para dejar de confundirlas con información intuitiva. Con esta finalidad, la segunda parte de este capítulo propone precisamente unos ejercicios a realizar diariamente.

- Una **duda** puede parecer ser una advertencia cargada de sentido. La duda es consecuencia de la desconfianza, de una mentalidad negativa, sobre todo si uno tiene por costumbre dudar de todo. Muchas veces, lleva a la indecisión y a la inacción. Si todo se bloquea y no encontramos ningún elemento positivo en lo que está pasando, es que no estamos en presencia de una intuición. Se trata más bien de un obstáculo que denominamos también «mecanismo de fuga» el cual supuestamente pretende protegernos de aquello que vemos como un peligro: el cambio de nuestras costumbres, el alejarnos de nuestra zona de comodidad, el miedo al día siguiente, a lo desconocido... Si ésta es tu situación, tendrás que realizar un trabajo interior en lo que a la toma de decisiones se refiere y disciplinarte para entrar en acción.

- Una **creencia** se nos impone con una convicción en ocasiones inquietante. En realidad se trata más de una forma de autosugestión que de una intuición. Si se trata de una creencia positiva y se sustenta en elementos reales, tiene todas las posibilidades de manifestarse concretamente. Al fijar nuestra intención en ella se convierte en un tipo de predicción, pero no de intuición. Cuando creo en algo con convicción pasa a formar parte de mi campo de posibilidades y entonces se convierte en algo realizable. De la misma manera, si la creencia es negativa, existe el riesgo de que no se materialice. Es básico tener conciencia de nuestras creencias para poder reorientarlas si es necesario. Si dices «no llegaré», «es demasiado bonito para ser cierto»... ¡estás instaurando un sistema de sabotaje! En el capítulo 5 encontrarás pistas para clarificar tu sistema mental negativo y reprogramarlo a fin de que te ayude en el proceso (ver pág. 77). Nuestra mente posee una fuerza extraordinaria puesto que se beneficia de una huella cartesiana que predomina en nuestra cultura occidental. Sin embargo, nos incita a ver a otras personas y situaciones únicamente a partir de nuestras referencias internas. Esta dinámica traduce de hecho la voz de nuestro *saboteador interno*.

- Un **fantasma**, una **idea imaginaria** retiene nuestras esperanzas e ilusiones. Algunas personas sueñan tanto con su vida que no la viven realmente. En este caso, la imaginación y la realidad se superponen. Como estas personas tienen fácil acceso a su cerebro derecho, se puede producir una confusión: su imaginación se superpone a su intuición. En este caso preciso, la información no se recibe sino que se concibe: es una proyección asociada a un deseo. Una información imaginaria no se materializa nunca en la realidad, es una fantasía, una quimera. En el proceso de desarrollo de la intuición utilizamos evidentemente la imaginación, pero canalizándola en las visualizaciones, los sueños conscientes y la meditación: se trata en este caso de un esquema de trabajo muy específico.

- Un **impulso** puede confundirse con una intuición porque su expresión es fuerte. El impulso es la imposibilidad de quedarse en la inacción porque el no cumplimiento de un acto genera angustia y culpabilidad. La intuición y el impulso nos animan a actuar pero el impulso nos incita a hacerlo urgentemente porque ejerce una presión en nosotros de la que intentaremos escapar impulsivamente. La idea de que no podemos hacer lo contrario y de que no podemos dejarla escapar está muy presente. Después de haber actuado de una manera impulsiva, la presión vuelve a surgir pero después desaparece. Como resultado de ello suele producirse una sensación de vacío en la que nada es fructífero, o incluso la persona puede sentirse un poco desamparada. En la acción irreprimible del impulso se oculta una parte de la realidad; la intuición, en cambio, nos permite tener en cuenta todos los parámetros de nuestra realidad interior y exterior.

* Una **proyección** puede parecerse a una intuición. Para tomar más conciencia de la voz de nuestra intuición, debemos conocer bien el fenómeno de la proyección y sus consecuencias sobre nuestra percepción de la realidad. Puesto que la proyección se lleva a la práctica en una relación, atribuimos a la otra parte los defectos o las cualidades que en realidad también nos pertenecen. Por medio de este *efecto espejo*, el otro nos muestra una parte de nosotros mismos que nosotros proyectamos en él sin tener conciencia de ello. Es entonces cuando *pensamos ver el otro tal como es*, ¡o tenemos la intuición de quién es!

Como veremos más adelante tenemos que tener bien claro el funcionamiento de nuestra mente para salir de la dinámica psíquica de la proyección[3] porque representa un verdadero freno a la intuición.

Lo que nunca es una intuición

* La **mediumnidad:** cada persona lleva en sí misma la facultad intuitiva mientras que la facultad de médium pertenece a fenómenos paranormales. Un

3. Ref. Jean Laplanche & Jean-Bertand Pontalis, *Vocabulaire de la psychanalyse*, 5.ª edición Revista Presses Universitaires de France, 1976 y Vanessa Mielczareck, *Petites stratégies du bonheur*, Le Courrier du Livre, 2010.

médium dispone de la aptitud de comunicarse con los espíritus, con personas muertas a través de un canal.

- La **telepatía,** fenómeno bastante extendido, es una transmisión de pensamiento entre dos personas. Por ejemplo, me ocurre a menudo que yo pienso en una cosa y mi marido dice lo mismo en los mismos términos antes que yo. También me suele ocurrir con uno de mis colaboradores cuando realizamos un curso.

Este funcionamiento que nos da la sensación de estar en la misma longitud de onda, se manifiesta con más frecuencia con personas que son muy cercanas. Seguramente a ti te ha pasado y ihas pensado que se trataba de una *divertida* coincidencia! No se trata de una intuición sino de conexiones cerebrales que demuestran hasta qué punto estamos relacionados los unos con los otros. Nosotros denominamos a este proceso «lectura de pensamiento».

Confía más en tu intuición superando los miedos

¿Cómo evitar equivocarte?

Puesto que estamos trabajando en el desarrollo de la intuición tenemos que eliminar de una vez por todas el miedo a tener intuiciones. Como muchas veces las confundimos con videncias, el hecho de *saber* las cosas por adelantado nos puede asustar. En mis conferencias me encuentro con muchas personas inquietas por tener regularmente intuiciones o premoniciones y que al no saber cómo gestionarlas bloquean esta aptitud para no volver a captarlas. Para reencontrar un equilibrio emocional y psíquico y proteger esta facultad, estas personas deberían aceptar lo que está pasando y poco a poco irían aprendiendo a dominar sus capacidades.

Lo que nos confunde también son esos miedos insidiosos que se meten sigilosamente en los detalles de lo cotidiano y que nublan nuestra mente y nuestras decisiones. Uno de los errores que cometemos con más frecuencia es tomar un miedo por una intuición. Veremos aquí también cómo el miedo nos impide tener verdaderas intuiciones porque muchas veces al ver una situación bajo su ángulo negativo, la sentimos tan fuerte que creemos que se trata de una intuición. Entonces es cuando tomamos una mala decisión.

Ya he mencionado que la energía de un miedo es tan densa y magnética que con frecuencia atrae aquello que más tememos. Esta emoción nos conduce también a ver las situaciones de una manera tan amenazante que nos paraliza y nos impide actuar. Bajo la influencia del miedo, es cierto que vivimos en una inseguridad casi permanente. Hablamos aquí del miedo que genera ansiedad, inquietud y temor, aunque a veces, en nuestra realidad objetiva del momento, no exista: nuestro miedo está vinculado a la idea de que cualquier cosa grave puede llegar a producirse. Un miedo así nos proyecta en un futuro aleatorio, nos impulsa a imaginar las dificultades que van a surgir: involuntariamente ¡corremos el riesgo de que surjan por la ley de la atracción! Es también este miedo el que nos impide realizar lo que de verdad deseamos porque nos convence de que nuestros problemas no tienen solución, que no somos interesantes, que no llegaremos nunca, etc. A fuerza de repetir estos mensajes, acaban haciéndose realidad.

Tenemos que concentrar nuestra mente en el presente, dejar atrás el pasado, y dejar de proyectar esta negatividad en el futuro. Una vez nos hayamos liberado de nuestros miedos, tendremos más intuición y, libertad de elección, y, por tanto, más posibilidades de mejorar considerablemente nuestra vida. Es precisamente esto lo que vamos a ver ahora. De todas formas, si tu eres consciente de la influencia de tus miedos y estos ejercicios no te sirven de ayuda, te aconsejaría que visitaras a un psicólogo.

El miedo y su impacto

Negación del miedo	Gestión positiva: transformación de la energía del miedo	Abrumado por el miedo
Situación de peligro	Prudencia	Terror
Irresponsabilidad	Dignidad	Sumisión
Imprudencia	Buen criterio	Desconfianza
Impulsividad	Responsabilidad	Parálisis
Ilusión	Seguridad	Fobia
	Intuición	Indecisión

El miedo nos pone también en contacto con la idea de «carencia», la cual acentúa la percepción de todo aquello que no tenemos o de lo que hemos perdido. Puede entonces aparecer también un sentimiento de pesar y nostalgia amplificando así nuestro malestar. Ahora bien, dar poder a esta idea de «carencia» aumenta considerablemente la sensación ya que aquello en lo que nos focalizamos se amplifica automáticamente.

Superar el miedo para llegar a la confianza

Para disminuir el impacto del miedo te sugeriría que te centraras día tras día en todo lo bueno o agradable que has vivido, en todas las veces que te has sentido orgulloso y confiado. Este ejercicio te subirá la autoestima y podrás reconectar con tu intuición. Pero si a pesar de todo, en un momento dado, te sientes vencido por uno de esos miedos, ten el reflejo de retroceder rápidamente empezando por respirar profundamente, estirándote, caminando un poco. Es importante cambiar de postura, mirar alrededor para alejarte de tu lado paralizante. Recuerda también que todo problema tiene su razón de ser y que lleva en sí mismo su solución. De esta manera, podrás calmarte y empezar a relativizar las cosas manteniéndote en un modo adulto. Esto te permitirá ver la situación como si fueras un *docente*. Al echar mano de tu intuición captarás información muy útil sobre todo lo que te ocurra.

Como tú ya sabes, nuestra percepción de las cosas condiciona nuestro porvenir, organiza hasta los más mínimos detalles del futuro. Es por esto que tenemos tanto interés en ser conscientes y estar atentos a lo que vivimos, a lo que consideramos como cierto y sobre todo a lo que queremos que ocurra concretamente. De una misma situación se pueden hacer dos interpretaciones: una negativa y una positiva. Intenta siempre buscar los elementos que cambien las situaciones negativas a tu favor. De cualquier prueba, de cualquier fracaso siempre se puede aprender algo que nos permita superar las etapas de nuestro crecimiento interior.

Recuerda que no podemos encontrar soluciones si nos quedamos en el estado mental que ha creado la dificultad. Para acceder a una nueva visión de la realidad y a las intuiciones, y, por lo tanto, a una nueva lectura de los hechos, formúlate las siguientes preguntas:

* ¿Qué me enseña de mí mismo esta situación?

* ¿Con qué palabras definiría mi sentimiento, mi emoción?

* ¿Qué significado puedo darle a esto que estoy viviendo?

* ¿Qué tengo que cambiar de mí mismo?

* ¿Con qué cualidades puedo contar para solucionar o cambiar las cosas? (Siente la presencia de estas cualidades en ti).

* Cierra los ojos y pregúntate qué quieres verdaderamente e imagínate esa situación resuelta. Visualízalo. ¿Cómo te siente en ese momento? ¿Qué emociones o sentimientos están presentes en ti? ¿Qué cualidades se manifiestan? Y, por último, ¿qué lección puedes extraer para que la próxima vez tu actuación sea diferente?

Más astucia

Otro pequeño consejo que te sugeriría para cuando el miedo te invada mientras intentas trabajar en ti mismo y ganar conciencia. Denomínalo con otras palabras. Emplea palabras como «ansia», «locura», «espanto», «pánico»; estas palabras hacen más referencia al mundo adulto. En un contexto más intelectual, la emoción pierde su fuerza, a la vez que la palabra « miedo » tiene una connotación arcaica que recuerda la infancia y todos sus fantasmas. Esto es lo que afirma el psicólogo Joseph Messinger. ¡Prueba y verás!

Sal del mecanismo de la proyección

Salir del mecanismo de la proyección es liberador para la intuición. Es un proceso que provoca más lucidez y más dinamismo. ¡Provoca cambios radicales a veces sorprendentes!

Este fenómeno de la proyección que nos concierne a todos, se desarrolla en nuestra psique desde nuestra infancia. Se refiere a determinados aspectos de nosotros mismos que hemos aprendido a juzgar inaceptables como resultado de las críticas o humillaciones de que han sido objeto. Pero la proyección se refiere también a talentos o potencialidades no explotadas como la intuición, que son inaccesibles por no haber sido alentadas por el entorno. En lugar de haber sido vividos, han sido reprimidos en nuestro inconsciente. Para tener una vida tolerable, el niño no tiene otra elección que adaptarse a su entorno. Se puede someter o se puede revelar pero esta adaptación puede hacerse en detrimento de su singularidad, de sus auténticos deseos. El psicólogo suizo Carl Gustave Jong denomina «sombra» a este conjunto de complejos y de movimientos de energía psíquica.

Cada ser humano es portador de su propia historia, pero también de lo mejor y lo peor de la humanidad, y todo esto está alojado en su «sombra». El deseo de progresar que nos anima inconscientemente y que es la razón de ser de cada individuo nos impulsa a *proyectar* nuestra sombra hacia el exterior, hacia las situaciones o hacia las personas. De modo que nuestras facetas escondidas, tanto positivas como negativas, remontan a la consciencia lo que permite utilizar nuestras experiencias para *vaciar* nuestro inconsciente.

Es en efecto la proyección la que a menudo funciona en las situaciones repetitivas, en los conflictos, cuando nuestro pasado se superpone al presente. Nos da una visión falsa de la realidad. ¿Cómo actualizar el mecanismo de la proyección de nuestra *sombra* y cómo dominarlo?[4]

---

4. Ref. Jean Monbourquette. *Apprivoiser son ombre*, Bayard 2011 y Joseph Messenger, *Les mots qui polluent, les mots qui guérissent*, Flammarion, 2005.

Es muy útil entender este mecanismo y observar cómo funciona la proyección en nuestra vida ya que es también un indicador de nuestros propios recursos inconscientes. Existen dos polaridades en la proyección cuya particularidad es que se expresan de manera excesiva. Por un lado la negativa que genera antipatía, crítica, juicio. Por otro, la positiva, genera fascinación y admiración. Consideremos esta proyección positiva: las cualidades que admiramos de otros nos dan información sobre las potencialidades que tenemos pero que todavía no han florecido (o que están inconscientes). Al reintegrar estos rasgos de personalidad en nosotros, liberamos a la otra persona de una imagen que a la larga puede hacerla vulnerable. Identificar esos elementos que nos atraen de los demás es muy importante: nos muestran aquello a lo que también nosotros mismos podemos aspirar, descubriendo potencialidades que mantenemos latentes en nuestro interior. De este modo tenemos la oportunidad de asimilar ciertas cualidades descubiertas por la proyección. Los demás son como espejos que nos reflejan...

Lo que los otros reflejan de nosotros

Para liberarse de la influencia nefasta de este fenómeno, es muy importante que pongamos el contador a cero. Veámos qué se activa en nosotros en la polaridad negativa (aquella que se alimenta de lo que nos irrita de los demás). Pongamos un ejemplo: si criticamos a una persona por su falta de honestidad y reivindicamos alto y fuerte nuestra honestidad, esto nos demuestra que hemos rechazado la idea de falta de deshonestidad. Con ello hemos renunciado a una «declinación de la cualidad» (que es la vertiente positiva del defecto) como la ingeniosidad, la habilidad o la astucia, cualidades todas ellas relacionadas con el defecto que estamos rechazando. Esto no significa que la persona no tenga estos rasgos que le atribuimos, sin embargo, es posible que las haya exagerado.

A continuación te propongo un método interesante para aprovecharte de tus proyecciones. Anota las críticas más violentas que haces frecuentemente a los demás. Sigue el proceso del cuadro que aparece a continuación para comprender mejor qué es lo que reivindicas a través de tu crítica. El valor que aparece en la columna 3 es el que ha de ser explotado. Con este ejercicio también serás más consciente de facetas de tu personalidad que te empujan a criticar o a combatir y así tendrás ocasión de liberarte de aquello que podría volverse en tu contra y reintegrar aptitudes dormidas que te serán muy útiles.

En el cuadro hay unos ejemplos. Completa el cuadro con tus propios mecanismos y saca tus propias conclusiones.

La crítica dirigida a otro (= mi proyección)	Posicionamiento inverso, lo que yo reivindico con intransigencia	El valor a explotar escondido en mi crítica (y del cual yo me he privado)
Deshonestidad	Integridad	Ingeniosidad
Mentira	Sinceridad	Diplomacia
Maldad	Amabilidad	Espíritu crítico
Irresponsabilidad	Fiabilidad	Libertad
Control	Flexibilidad	Dominio
Tacañería	Generosidad	Ahorro

Esta nueva visión de nuestros comportamientos nos ofrece la oportunidad de sentirnos más completos porque encontraremos la verdadera lucidez, la que nos da acceso a las verdaderas intuiciones.

Ahora bien, cuanto más desarrollemos las cualidades personales, más nos liberaremos de la espiral de la repetición y mejor resolveremos nuestros problemas. Es interesante ver el funcionamiento de la superposición pasado/presente en la proyección, como una propuesta de nuestra inteligencia para solucionar definitivamente una situación repetitiva. Es aquí donde nuestra intuición nos puede dar pistas de comprensión y directivas muy útiles.

Secreto n.º 3

Una intuición es siempre correcta. En cambio, la interpretación que uno hace puede estar equivocada.

Tu vida se complica en cuanto aparece un deseo, una ilusión, una proyección...

4 Adopta una actitud de éxito para tener más intuición

Se positivo y optimista

¿Te has dado cuenta de cómo influye tu estado de ánimo y tu humor en el día a día? ¿Y cuántas veces tu estado mental ha sido determinante para tomar una decisión?

El día que te levantas en forma o de buen humor, la vida transcurre de maravilla: te encuentras con la persona adecuada en el momento adecuado, aprovechas las pequeñas oportunidades, etc. En cambio, si has tenido un despertar difícil, te encuentras triste, o sin fuerzas, todo parece ir en contra tuyo: se te queman las tostadas, te consideras una ruina, te baja la autoestima, empiezas a dramatizar...

¿Qué es lo que ha podido influir para tener dos jornadas tan diferentes? Tu estado de ánimo. Ahora vas a descubrir cómo la mayor parte del tiempo e involuntariamente, proyectamos nuestra manera de pensar y de sentir en todo lo que está a nuestro alrededor. Ya hemos comentado este punto en el capítulo 3. Es cierto que percibimos la vida en función de nuestro estado interior. Todas las cosas que nos ocurren diariamente son una respuesta a nuestra propia dinámica. Así pues, el día que tenemos un estado interior negativo vemos la vida a través de ese mismo filtro lo cual nos priva de toda objetividad y nos hace entrar en una espiral de molestias, incomodidades... porque existe la tendencia a que se reproduzca casi automáticamente todo aquello en lo que centramos nuestra atención. **¿Qué es esta dinámica que controla nuestra vida? ¿Cómo revertir la situación y dejar de tener el sentimiento de sufrir por todo lo que ocurre?**

Para responder a estas dos preguntas hay que entender cuál es la verdadera influencia que ejercen nuestros pensamientos en nuestra realidad.

Para crear cambios y mejorar considerablemente nuestra vida tenemos que ser conscientes de nuestro funcionamiento interior y de la naturaleza de nuestros pensamientos. Y veremos en el capítulo 5 ¡hasta qué punto estamos condicionados y programados! Para cambiar es imprescindible hacer una toma de conciencia de este tipo, liberarnos de nuestras viejas costumbres y elegir qué es lo que queremos vivir. Para conseguir lo mejor diariamente la primera etapa consiste en entrenarse a pensar en positivo. Parece muy simple, pero una disposición de ánimo positiva puede llegar a exigirnos un gran esfuerzo porque estamos muy impregnados de negatividad.

Ser optimista es elegir un modo de pensar constructivo que al actuar directamente sobre nuestros comportamientos provocará una cascada de oportunidades favorables. El optimista está convencido de que sus acciones le darán un futuro mejor. Este capítulo 4 te ayudará a creer de verdad que la vida está en tus manos, ¡y no a merced del azar! Sabrás medir entonces hasta qué punto tú eres una persona creativa e intuitiva.

Tener una dinámica mental positiva se asocia con tener emociones y sentimientos positivos, lo cual refuerza nuestra confianza, realza nuestros valores y aptitudes, y nos permite tener mejor acceso a todas nuestras formas de inteligencia (emocional, intuitiva, racional...). Vemos las cosas mejor y de una manera global. A partir de ese momento, tendremos más confianza en el porvenir. Automáticamente, estaremos más abiertos, dispuestos a los encuentros, demostraremos más simpatía y las propuestas nos vendrán más fácilmente.

Esta dinámica nos dará unas ganas enormes de mejorar nuestra vida, de avanzar, de tener proyectos, de compartirlos; gracias a nuestro estado de ánimo, este deseo encontrará en nosotros los medios y la fuerza necesaria para hacer realidad lo que de verdad queremos. Lejos de estar centrados en nosotros, nuestras acciones tendrán en cuenta no sólo nuestro bienestar, sino también el de los demás. Seremos naturalmente más solidarios y generosos.

Del optimismo nace la esperanza: las personas optimistas se enfrentan con más facilidad a las dificultades porque saben que éstas no son más que una mala racha. Piensan: «¡Esto no va a durar!». Por ello, encuentran rápidamente la solución. Y a la inversa, las personas pesimistas tienen tendencia a ver lo peor y algunas intentan evitar problemas por falta de confianza en su capacidad para resolverlos.

Evidentemente, pensar en positivo implica también sentir lo positivo. Esto supone estar convencido de que la solución está en nosotros; es esta convicción la que nos pone en acción,[5] la que nos anima a crear más experien-

5. Ref. Vanessa Mielczareck & Gilles Guyon, *Des actions pour changer votre vie*, Éditions Quintessence, 2004.

cias positivas. Nuestra vida y nuestras relaciones estarán dinamizadas y vivificadas, ahí donde vayamos dejaremos una huella muy positiva.

Estudios realizados en neurociencia y en psicología han permitido demostrar que el optimismo y el pensamiento positivo tienen una influencia verdadera sobre nuestro bienestar tanto físico como psíquico. El positivismo nació en el siglo XVIII con el filósofo Auguste Comte, reconocido como uno de los fundadores de la sociología. Pero fue el farmacéutico Émile Coué quien, en el siglo XIX, inventó un método de pensamiento positivo basado en una idea muy simple: «Cada día, en todos los sentidos, estoy mejor y mejor». Este concepto aparentemente simplista es de hecho profundamente poderoso porque ancla en nosotros la idea de un cambio posible, sin avivar ilusiones: no se trata de decir «todo va bien» si uno se siente fatal, sino de decir «voy a estar mejor» y esto es lo que induce la idea de un cambio positivo.

Por otro lado, tener en cuenta la «mejor» parte de nuestro estado actual y nuestra realidad del momento nos ayudará a mejorar. Este enfoque está siendo actualmente muy enfatizado por las corrientes de la psicología y del desarrollo personal. Los pioneros de la corriente de la psicología positiva son los psicólogos Mihály Csíkszentmihályi y Martin Seligman cuyos trabajos han sido seguidos en Francia por los psiquiatras Jean Cottraux, Christophe André, Francois Lelord, e incluso por el cirujano y psicoterapeuta Thierry Janssen, cuyos escritos han tenido un gran éxito.

Evidentemente puede parecer difícil ser positivo y optimista cuando uno tiene dificultades laborales, conyugales o familiares. Sin embargo, es precisamente en estos momentos, en plena dificultad, cuando tenemos que ir a buscar en lo más profundo de nosotros este positivismo. Gracias a ello, podremos digerir el problema para retomar las riendas de nuestra vida. A pesar de todo, seremos capaces de sacar lo mejor de nosotros.

El optimismo, en cualquier circunstancia, tiene efectos muy positivos que nos permiten anticipar una verdadera amenaza para nuestra vida. El optimismo se conjuga con el realismo, es una cuestión de equilibrio.

Ya vemos que podemos cambiar el curso de los acontecimientos, tener más intuición y conseguir la vida que soñamos. Es evidente que ser optimistas requiere un auténtico esfuerzo, un profundo trabajo interior, pero con un modo de empleo preciso y tu intuición tienes muchas probabilidades de conseguirlo. Es precisamente esto lo que te propone este libro: descubrir todos los secretos para ser feliz en la vida.

Aprende a ser positivo y a reaccionar ante cualquier circunstancia

El positivismo y el optimismo facilitan el acceso a una mayor intuición y por lo tanto a una mayor felicidad. Diariamente se pone en marcha una dinámica que nos muestra el lado bueno de la vida. Si integramos y asimilamos esta dinámica en nuestra psique, tendremos también más intuición para revertir las situaciones negativas, resolver toda clase de dificultades, eliminar obstáculos y mejorar nuestra salud.

Hay quien cree ser optimista y lo dice, pero vive toda clase de situaciones desagradables y contrariedades. Otros, a pesar de su deseo sincero, no saben cómo instalar en lo más profundo de su ser esta actitud, que saben que es la mejor, porque están atrapados en toda clase de ideas negativas. Están bien alejados de su intuición.

Tenemos que tomar conciencia de que adoptar un estado de ánimo positivo es un verdadero aprendizaje, que es incluso una reeducación de nuestro cerebro. No basta con decir: «Bien, ahora seré positivo» y después repetir algunas afirmaciones para que esto funcione y mejore nuestra vida. Además, ¿cómo hacer para no volver a caer en la negatividad y en las dudas a la mínima ocasión? ¿Cómo ser *verdaderamente* positivo?

Al principio tendrás que disciplinarte para prestar una gran atención a todos tus pensamientos y creencias. Esto te permitirá habituarte a funcionar de una manera diferente puesto que los pensamientos negativos y los juicios penetran en nuestra mente sin que nos demos cuenta, lo cual supone un verdadero freno a la intuición. Tú ya entiendes la importancia de estar alerta y escuchar todo lo que le pasa. A pesar de ser una disciplina un poco exigente, enseguida verás los efectos y te sentirás animado a seguir por ese camino.

Entiende tu dinámica mental

Para eliminar la negatividad de nuestras vidas, empieza por controlar la naturaleza y la tendencia de tus pensamientos habituales. ¿Cuáles son positivos o neutros? ¿Cuáles son negativos y recurrentes como pequeñas obsesiones? ¿Qué comentarios te afectan, te hieren? Por último, ¿qué sueles criticar de los demás?

Este análisis te dará información muy útil sobre la dinámica dominante de tu mente. Al final, ¿has observado más pensamientos positivos o negativos? Escribe en tu libreta todo aquello que hayas observado, te será muy útil en el futuro para efectuar tu reprogramación mental.

Para adoptar este nuevo estado de ánimo, te sugiero que dejes de hacer juicios precipitados sobre tu entorno, la sociedad, o sobre ti mismo. Es también muy importante que dejes de lado el victimismo, por el cual uno intenta convencer a su entorno de que es «víctima» de todo. Estas actitudes inconscientes de juzgarlo todo y de victimismo atraen a emociones y sentimientos negativos los cuales no hacen más que reforzar esta construcción mental negativa.

Cuando hablamos de realidad estamos de hecho evocando la *percepción* y la *visión* que tenemos. Ahora bien, esta percepción está influenciada por nuestra historia afectiva, nuestros recuerdos, nuestras creencias positivas y negativas, nuestras expectativas y nuestros sueños y por la manera que hemos tenido de reaccionar a toda clase de situaciones. A fuerza de repetirlas, estas reacciones se han «formateado» en un modo de funcionamiento al cual obedecemos sin darnos cuenta.

Las situaciones son experiencias neutras; somos nosotros que las calificamos de positivas o negativas y les damos su intensidad. En el fondo, todos percibimos la realidad a través del prisma de nuestra memoria y de nuestras referencias pasadas: entendemos las situaciones presentes a partir de experiencias pasadas. Nos hacemos así una representación muy subjetiva de la realidad, lo cual provoca la superposición del pasado sobre el presente y nos lleva a revivir las mismas historias.

Muy a su pesar, el pesimista selecciona y fija su mirada solamente en aquello que confirma su estado de ánimo negativo; incluso no se da cuenta de los elementos positivos de su vida o bien los rehúye pensando: «¡Esto no puede durar!». Como estos hechos no entran en su lectura los descuida y acaba por creerse que no existen.

Una buena forma de enfrentarse al día a día

Así pues, podemos dirigir nuestra mirada hacia lo positivo acostumbrándonos a preguntar en todas las circunstancias: a pesar de todo ¿qué hay de positivo en esta situación? ¿Qué puedo sacar de bueno? Esta extraordinaria conciencia de la realidad nos va a permitir reaccionar mejor hasta en las circunstancias adversas y tomar mejores decisiones.

La consecuencia directa de «pensar en positivo» es que nos hace sentir en nuestro cuerpo emociones positivas.

Para pensar en positivo, para que un estado de ánimo así nos venga de manera natural a la mente, tenemos que empezar a adoptar un lenguaje totalmente positivo, algo que muchos de nosotros no hacemos. Veámos ahora cómo conseguirlo.

Elige las palabras que te cambiarán la vida

Ahora ya sabe por qué es esencial que modifiques tu manera de pensar: las palabras pronunciadas o simplemente pensadas influyen en los hechos. Son las llaves que «abren» o «cierran» una situación para el que las dice pero también para el que las escucha. Piensa en una conversación con una persona que pasa todo el tiempo quejándose y después imagínate otra con una persona entusiasta y optimista. ¿Verdad que no guardas la misma impresión? Para medir el alcance emocional y el impacto de tu lenguaje, acostúmbrate a observar tus reacciones y las de tu interlocutor cuando te habla. Algunas palabras entusiasman, gratifican, animan, estimulan, mientras que otras deprimen, desaniman, perjudican, desvalorizan...

Te aconsejo que practiques lo siguiente durante un día, una semana, etc.:

> Después de haber tenido una conversación con alguien, dedica unos minutos a observar tu estado de ánimo para evaluar el impacto que ese intercambio ha tenido en ti y qué te ha podido afectar. ¿Te sientes dinamizado? ¿Entusiasta? ¿Apaciguado? O al contrario, ¿vacío de energía, cansado, incómodo, desmoralizado?

> Intenta después recordar el contenido de tu intercambio. ¿Qué has dicho durante esa conversación? ¿Cuáles son las palabras que más has utilizado? ¿Y tu interlocutor? ¿Qué has sentido durante la conversación? ¿Qué posturas corporales has adoptado? ¿Cómo estaba tu interlocutor?

Las respuestas dadas a este tipo de experiencias son muy útiles para medir la influencia que ejercen unos sobre otros.

El mecanismo que debes desarrollar

¿Cómo proceder para cambiar el lenguaje? Para empezar, tendremos que estar atentos a lo que decimos para detectar las palabras que empleamos con más frecuencia. Las palabras las pensamos, las escribimos, las expresamos, las sentimos, y a cambio, nos generan sentimientos y emociones particulares. Influyen en nuestro ambiente; las palabras están vivas. Nuestras experiencias toman la dirección de nuestro lenguaje, es una cuestión de coherencia.

Fíjate en la lista que aparece a continuación. Lee las palabras detenidamente y al mismo tiempo intenta identificar el estado de ánimo que te provocan:

Dolor	Amor
Sufrimiento	Alegría
Problema	Logro
Carencia	Confianza
Pérdida	Posible
Daño	Sonrisa
Imposible	Éxito

Te habrás dado cuenta de que las palabras de la columna izquierda te llevan a un estado de ánimo y a un ambiente negativo, incómodo, mientras que las de la derecha te alegran y te animan. Como las palabras están asociadas a las vivencias provocan frecuencias afectivas que resuenan en nosotros con las emociones correspondientes. A su vez, estas emociones se envían a nuestro cuerpo antes de ser proyectadas hacia el exterior, sobre el plano material, donde se manifiestan en la realidad por los acontecimientos y conversaciones.

Así pues, un gran número de situaciones en las que nos encontramos durante el día están relacionadas con nuestro estado interior porque de alguna manera son su prolongación. Es algo así como si nos «conectáramos» automáticamente a la misma frecuencia que la que vibra dentro de nosotros. Por lo tanto, si somos más conscientes de esta energía que actúa dentro de nosotros saldremos ganando. Si optamos por la energía positiva y constructiva, estaremos más atentos a nuestra intuición y tomaremos decisiones más acordes con nuestras aspiraciones profundas, de modo que obtendremos más fácilmente lo que de verdad queremos.

El poder de las palabras en nuestro día a día

Para precisar y dominar tu propio lenguaje, acostúmbrate a escribir una lista con las palabras que más utilizas, las que más te vienen a la mente. Algunas de ellas son fuerzas motoras, otras son frenos.

Compara estas palabras con las situaciones que tú estás viviendo actualmente para hacer los vínculos entre tu lenguaje y lo que vives. Fíjate en lo que te satisface y en lo que te disgusta. ¿Cómo reflejan estas palabras las situaciones que estás viviendo?

Repite este ejercicio dentro de unas semanas y observa los cambios que se han producido. Este ejercicio te servirá para ser más consciente de los vínculos tan estrechos que hay entre lo que dice, tu estado interior y tu realidad exterior, ya sea en el terreno racional o material. Aunque a primera vista te resulte difícil de realizar, recuerda que tienes la oportunidad de tomar las riendas de tu vida para cambiar lo que no te conviene. Nuestro lenguaje está impregnado de las experiencias vividas tanto buenas como malas, así una misma palabra puede provocar un estado de ánimo diferente en nosotros y en nuestros interlocutores. Hemos de aprender a no dejarnos influir por la energía de la gente ni por su lenguaje desmotivador o hiriente.

La influencia de las palabras en nuestros intercambios

Veámos ahora cómo proceder con nuestra comunicación diaria para mejorarla considerablemente. Lo más importante es evitar cualquier forma de negación para expresar algo positivo. Según dice Françoise Kourilsky-Belliard, especialista en técnicas de comunicación:

> *los enunciados negativos son en efecto difícilmente asimilables por el cerebro y el sistema nervioso que, contrariamente a lo que ocurre con el lenguaje, no integran la negación. En el mundo de la experiencia, no puede existir la negación. ¿Cómo satisfacer de verdad un «no-deseo»? Las órdenes negativas son inapropiadas para el cerebro y el sistema nervioso porque no podemos integrar una no-experiencia, una no-intención. La expresión negativa de un objetivo es un obstáculo importante para su realización puesto que es difícil dirigirse hacia un no-objetivo.*[6]

Sin embargo, nuestro lenguaje cotidiano está lleno de estas frases formuladas en negativo para expresar una demanda positiva. He aquí algunos ejemplos de cómo invertir estas expresiones.

6. Ref. Françoise Kourilsky-Belliard, *Du désir au plaisir de changer*, InterÉditions, 1995.

Tu dices...	Diga...
No tengas miedo	Ten confianza
No te olvides de...	Acuérdate de...
No llegues tarde	Sé puntual
No hagas ruido	Sé silencioso
No dudes contactar conmigo	Contacta conmigo cuando quieras
No va mal	Va bastante bien
No cojas frío	Abrígate bien
¿No te molesto?	¿Puedo hablar contigo?

Reformula en positivo las frases negativas de tu lenguaje cotidiano y acostúmbrate a efectuar esta gimnasia cerebral. ¡Te sorprenderás de los resultados!

Este consejo lo tendrás que practicar durante un día, una semana...

De la misma manera, todos utilizamos habitualmente en nuestras conversaciones un freno muy extendido, el famoso «sí, pero...». Ahora bien, en nuestro inconsciente, ahí donde arraigan nuestros mecanismos de repetición, el término «sí pero» anula automáticamente aquello que acaba de ser pronunciado. Decir: «Sí, voy a tener éxito en esto pero...» crea en nuestro inconsciente la posibilidad de éxito aunque la objeción formulada después del «pero» corre el riesgo de ser la más fuerte. Acostúmbrate pues a sustituir «pero» por «y» o a formular la frase de otra manera.

Otras palabras a evitar porque encierran una generalización e impiden crear un espacio de cambio son: siempre, no suficiente, demasiado, nunca. Si nos disciplinamos en esto, dejaremos de dar energía a aquello que nos disgusta, a aquello que no queremos, a nuestras dudas infundadas. Dejaremos de oponer una cosa y su contrario, porque, de hecho, es esto lo que nos ocasiona un conflicto interno y pone en peligro nuestra comunicación. Y cuando nos demos cuenta, a pesar de todo, de que estamos hablando en modo negativo, acostumbrémonos a preguntarnos qué es lo que de verdad queremos.

Secreto n.º 4

Presta atención a lo positivo y concentra tu atención en aquello que desees, formulando tus peticiones en positivo. Utiliza palabras que te dinamicen, porque éstas tienen tendencia a provocar aquello que de verdad quieres.

Este estado de ánimo es el mejor para aumentar tu intuición.

5 Elimina lo negativo que bloquea el funcionamiento de tu intuición

Libera tu intuición «limpiando» tu mente

¿Qué influencia ejercen nuestros pensamientos en nuestra vida y por qué tenemos tan poca confianza en nuestra intuición? ¿Cómo eliminar aquello que nos impide escuchar a esta fabulosa capacidad? ¿Es posible orientar mejor nuestra vida escuchando nuestra intuición?

A pesar de nuestro sincero deseo de querer lo mejor, muchas veces nos falta lucidez. En estos momentos es cuando tomamos malas decisiones que complican nuestra vida y no conseguimos lo que esperábamos. Tenemos entonces la impresión de ir a contracorriente y de que nuestra intuición no funciona. Otras veces, en cambio, nos ocurren coincidencias sorprendentes o nos encontramos con la persona adecuada y entonces nos sentimos acompañados, escuchamos esa voz interior y actuamos con total confianza. Vamos a ver ahora con más precisión por qué estamos a veces tan mal orientados.

Para responder a estas preguntas y cambiar las cosas a nuestro favor, tendremos que tener una nueva visión sobre nuestra idea de la realidad y descubrir **esa parte de nosotros que es la responsable** de lo que nos ocurre. Nos tendremos que fijar en nuestra **dinámica mental** para encontrar las verdaderas respuestas. Tendremos también que ir más allá para cambiar nuestra manera de pensar.

Las experiencias que vivimos en nuestra infancia y la interpretación que hacemos de ellas son las que modelan nuestra manera de entender la vida. Determinados acontecimientos vividos dolorosamente han podido también desarrollar en nuestra mente un sistema de *pensamiento negativo*.[7] Con el tiempo, este sistema se convierte en un verdadero «programa» autoorganizado basado en creencias negativas, que se instalan en nuestra mente como *leitmotives* a los que les prestamos muy poca atención. Actúan por tanto sobre nuestra realidad de una manera repetitiva hasta que algo cambia un parámetro. En esta dinámica apenas queda espacio para nuestra intuición y nuestra creatividad, que son las que nos ayudarían a dar un vuelco a nuestra vida.

Para conseguir un cambio de verdad, despertar nuestra intuición y familiarizarnos con su funcionamiento, tendremos que estudiar qué es lo que nos manipula sin que seamos conscientes de ello.

El verdadero rol de los pensamientos negativos

Todo problema es una proyección y una extensión material y concreta de una creencia negativa oculta tras la sombra de nosotros mismos. Este fenómeno permite a nuestro inconsciente «vaciarse», limpiarse, es como poner de manifiesto aquello que nos manipula. Si tomamos

---

7. Ref. Vanessa Melczareck, *Le Guide de la personne heureuse*, Le Courrier du Livre. 2009.

conciencia de este proceso natural de eliminación, empezaremos a desdramatizar y a beneficiarnos de lo que nos ocurre, y así conseguir la libertad de acción. De hecho, cualquier problema exterior es una oportunidad de confrontación interior. Ante cualquier fracaso o comportamiento que nos haya ocasionado problemas o disgustos deberíamos preguntarnos a qué creencia responde. Ante una situación negativa deberíamos preguntarnos qué pasa: **¿qué creencia se está revelando?, ¿de qué programa equivocado debo tomar conciencia?** Si descubrimos el sentido y el mensaje que se nos están transmitiendo, estaremos motivados a descartar la idea de que ha sido cosa del azar y nos fijaremos más en la intuición.

Para entender mejor cómo se activa este sistema autoorganizado vamos a analizar un poco más su mecanismo.

El cirujano y psicoterapeuta Thierry Janssen explica que es la medicina, y más concretamente la neurociencia, la que nos explican cómo funciona este mecanismo. Destaca la función que desempeña el cerebro y la interacción de los pensamientos, las emociones y las experiencias vividas en la salud: *esta formidable plasticidad del cerebro es la base de los mecanismos del condicionamiento, de la memoria y del aprendizaje. Entendemos pues que si una experiencia deja una huella en nuestro sistema nervioso no estamos necesariamente condenados a volver a caer en ella. Nuestros comportamientos pueden ser reeducados y nuestro cerebro remodelado. Algunas trampas del pasado pueden ser desactivadas. Todo ello por el bien de nuestra salud.*[8]

---

8. Ref. Thierry Janssen, *La solution intérieure*, Fayard, 2006.

La buena noticia es pues que, independientemente de lo que hayamos vivido en el pasado o en el presente, siempre podemos cambiar para el futuro. Existe un método por el cual podemos reeducar nuestro cerebro y reprogramarlo hacia el bienestar.

Podemos cambiar lo que no nos conviene

Todos nuestros pensamientos están asociados a nuestras experiencias y emociones del pasado y a las conclusiones que hayamos podido extraer. Este conjunto de referencias constituye un sistema de creencias que se imprime en los circuitos de nuestro sistema nervioso y que tiene tendencia a reproducirse en la realidad si no cambiamos los «datos». Así este programa orienta nuestra vida en función de nuestras creencias sobre nosotros, sobre la gente y sobre la vida.

Este sistema de creencias tiene una *polaridad positiva*[9] basada en todas las experiencias agradables y felices que hemos vivido. ¡Esta polaridad nos impulsa a avanzar, a materializar proyectos, a superar los retos y a dar lo mejor de nosotros! Por otro lado, este sistema también tiene su *versión negativa* que sabotea nuestros proyectos y nuestras relaciones, que nos empuja a equivocarnos en nuestras elecciones al darnos una idea falsa de la realidad...

A pesar de nuestro sincero deseo de querer vivir mejor, lo negativo siempre está ahí. A fuerza de escuchar su voz pesimista se puede crear en nosotros una predisposición al fracaso, la cual puede llegar a hacerse real y favorecer la repetición de lo negativo. Es en este mo-

---

9. Ref. Vanessa Mielczareck, *L'intelligence intuitive*, Éditions Quintessence, 2003.

mento cuando hay que adoptar soluciones radicales para eliminar estos frenos. Si de verdad queremos mejorar nuestra vida, tenemos que evitar que estos pensamientos negativos nos manipulen porque modifican y afectan nuestra realidad exterior y nuestro bienestar. Si estamos de verdad atentos podremos fácilmente modificar los pensamientos negativos que nos perjudican y si modificamos voluntariamente nuestros comportamientos acabaremos por borrar determinados circuitos de nuestro sistema nervioso.

La ley física y espiritual de causa efecto se verifica en nuestro día a día: nuestra realidad exterior está en relación con nuestra organización interior, nuestras referencias, nuestras creencias. Para ser más intuitivos tenemos que aprender a disminuir el impacto de la negatividad y de los reflejos que ella provoca.

Cuando las situaciones son el eco de nosotros mismos

Te invito a que identifiques esos pensamientos críticos que provienen de tus creencias a fuerza de repetirlas en tu mente y a que examines situaciones concretas que éstos hayan podido crear. Decimos: «no llegaré», «no estoy a la altura», «soy insignificante», «soy nulo», «no merezco tener...», «nunca estoy bien...». Fíjate en cómo algunos de estos pensamientos, anodinos en apariencia, hacen eco en nuestra propia historia y reactivan sufrimientos antiguos que dramatizan la percepción de la situación actual. Las creencias no son más que un condicionamiento aprendido y, por lo tanto, puede ser desaprendido. A través del análisis de tus pensamientos conseguirás involucrarte en este proceso de liberación desde este mismo momento, lo cual a su vez te permitirá reaccionar mejor a las circunstancias y de esta manera empezarás a dominar tu mente.

Si crees que alguna de estas frases (o varias) intervienen como un *leitmotiv* en tu vida, intenta desde este mismo momento sustituirlas por otras que te permitan disminuir esta negatividad.

A aquellos que se sientan dominados por sus creencias negativas o que tengan la impresión de que los problemas les abruman, les aconsejo que practiquen el siguiente ejercicio mental que les ayudará a desprogramar lo negativo de su cerebro:

- Empieza por enumerar las críticas y juicios que haces de ti mismo.

- Evoca aquellas situaciones que te gustaría ver resueltas recordando que son el reflejo de algunas de tus facetas. Al mirar de cerca estos problemas tómate un tiempo para observar cómo cada uno de ellos está ligado a alguna de tus creencias.

- Familiarízate con la lista de creencias negativas que expresas y relaciónalas con situaciones del pasado.

- Toma conciencia de las emociones y sentimientos asociados a esas creencias. ¿Cuáles son tus sentimientos, los comportamientos que adoptaste en esos momentos?

- Para transformar tu sistema de creencias pregúntate qué beneficio puedes obtener de todo ello. Reflexiona bien este punto porque hay problemas que se quedan aferrados a nosotros porque tenemos un interés (muchas veces inconscientemente).

- Para transformar lo negativo en positivo intenta descubrir qué lecciones o ayudas intentan desarrollarse en esta experiencia. Para ello, pregúntate: «¿Qué cualidad/es he desarrollado?».

* Para afianzar esta reprogramación es esencial que te fijes en una acción precisa ya que ésta será la manifestación de tu decisión en el plano material. La acción te permitirá integrar tus pensamientos en la realidad, sobre todo si aspiras a una nueva calidad de vida a la cual no estás habituado. Anota esta acción en tu agenda. Esto te ayudará a pasar a otra realidad.

Así pues acostúmbrate a cambiar la energía de tus pensamientos negativos tan pronto como aparezcan en tu mente. Enseguida notarás un alivio afectivo y la desaparición de la presión interna. Al final, el prestar atención a tu discurso interno será algo que realizarás automáticamente.

Es evidente que nuestra manera de pensar no se puede cambiar de un día para otro ya que es en parte inconsciente y está muy instalada en nuestros hábitos. Pero contamos con dos buenas herramientas para conseguirlo: nuestra buena voluntad y la fuerza de nuestra determinación a crear algo mejor. Ellas nos darán el coraje necesario para ir hasta el final de este proceso de eliminación de la negatividad. Verás como tan pronto lo pongas en marcha empezarás a percibir cambios favorables que se irán sucediendo continuamente.

En cuanto empieces a sentirte liberado de determinadas creencias negativas, estarás en condiciones de concentrarte en frases positivas que darán un vuelco a tu vida. Además, tendrán un impacto favorable sobre la expresión de tu intuición. ¿Qué deseas creer ahora? ¿Qué es lo que te dinamiza? ¿Qué resultado desearías que se produjera en tu vida?

Crea afirmaciones positivas

Una vez despojado de la nefasta influencia de las creencias negativas recuperarás una mayor libertad de pensamiento y sobre todo la posibilidad de utilizar tu intuición. De esta manera podrás elegir una nueva dirección y tomar buenas decisiones enseguida.

A partir de ahora te beneficiarás más de tus presentimientos, de tu voz interior, de tu clarividencia pero para familiarizarte con su funcionamiento tendrás que saber identificarlos. Nuestra vida cotidiana está llena de mensajes, de señales y de consonancias que nuestra atención normal banaliza. El acceso a tu intuición abre todas sus percepciones día tras día.

Principios básicos para integrar afirmaciones positivas

Para que una afirmación positiva estimule todas las energías necesarias para su realización, debería ser formulada en presente. La frase necesitará un tiempo hasta que se instale en tu estructura mental, tendrás que pasar por tu inconsciente. En él dormita un gran potencial. Esta frase será un **objetivo a realizar** en un breve espacio de tiempo. Es un mensaje que enviamos a nuestro mundo interior para que se manifieste en la vida real. Utiliza pues el presente para estimular todas las energías necesarias para su consecución.

Formula una frase clave que creas o sientas que puedas realizar con la intención de cargarla de fuerza de convicción. De hecho, solemos conseguir más fácilmente aquello que sabemos que es posible.

A la hora de formular la frase utiliza el «yo» para implicarte de lleno.

Se preciso en la elaboración de la frase: cada palabra es importante y es portadora de una intención o de una acción particular.

Espera a ver cómo se producen los cambios deseados en tu vida. Al mismo tiempo estás creando un espacio interior para recibir...

Cada afirmación tiene su acción en su vida. Te recomiendo que realices un trabajo progresivo y que vayas observando los resultados que se van produciendo. Cada frase es una demanda «clave» dirigida a tu interioridad, por lo tanto tendrás que seguir unas etapas determinadas.

Comprueba que estás dispuesto a aceptar los cambios que te has planteado.

Por último, cada día actúa de acuerdo a lo que te has propuesto, se coherente con tus pensamientos y acciones planeadas.

Elige una nueva creencia positiva

Cada vez que te liberes de una creencia negativa, dedica algo de tiempo a sustituirla por otra positiva. Para formularla correctamente pregúntate qué es lo que de verdad quieres vivir. ¿En qué deseas creer ahora? ¿Qué podrías energizar en tu vida en este momento?

Frente al enorme abanico de posibilidades que tienes, elige aquellas que te vayan a dar la felicidad.

Anota la frase positiva.

Imagínatela ya realizada, como si fuera verdad, aunque en realidad no sepas cómo lo conseguirás. Imagínate en esta nueva realidad para responder a las siguientes preguntas:

> ¿Qué emociones siento?
>
> ¿Qué sensaciones corporales siento? ¿Qué posturas adopto?
>
> ¿Qué comportamiento tengo?
>
> ¿Qué dice de mí mismo?
>
> ¿Qué dice de los demás, de la vida?
>
> ¿Qué dicen los otros de ti?
>
> ¿Qué acciones realizas?
>
> ¿Qué impacto tienes sobre el mundo?

Vuelva a leer tranquilamente lo que acabas de escribir y verifica que estás totalmente de acuerdo con tu elección. Es indispensable que reconozcas este acuerdo entre la formulación de la frase y tus convicciones profundas, porque, recuerda que es la coherencia entre tu frase y tu sentimiento la que posibilitará su realización. Deberás creer profundamente en tu frase y no tener ningún miedo a formularla. De este modo, ella misma será la que te ayude a salir del mecanismo de la negatividad. Escribe tu frase en tu agenda, en el espejo del baño o en cualquier otro lugar estratégico. Es importante que tus ojos la vean a menudo para recordársela a tu mente.

Para tener más intuición mejora la confianza en ti mismo

Cuanta más confianza tengas en ti mismo más te fiarás de tu intuición.

Las perspectivas dramáticas que tanto anuncian algunos medios pueden aumentar nuestras emociones negativas, sobre todo si uno se encuentra en un momento delicado de la vida. A fuerza de oírlas, estas perspectivas pueden convertirse en predicciones. Para combatirlas tendremos que recuperar el centro de nosotros mismos, ver la realidad con cierta perspectiva y sobre todo tener confianza.

Tener confianza significa sentirse **totalmente seguro**, saber que somos capaces de reaccionar de manera adecuada ante cualquier imprevisto o reto importante. Tener confianza es saber que podemos contar con nosotros y con nuestra intuición para atravesar cualquier situación en la vida. ¡Y que saldremos reforzados!

Si regresamos al centro de nosotros mismos, ahí donde se nutre nuestro estado de confianza, descubriremos nuestra capacidad para concretar qué queremos en la vida. Es decir, tendremos permiso para poder arraigar lo que queremos en lo más profundo de nuestro ser. Al principio, este *permiso* se desarrolla y se estabiliza en nuestra infancia. Es del papel del padre, o del sustituto de la autoridad paternal, del que aprendemos las reglas de acción y desarrollamos la capacidad de rehacernos después de un fracaso. Si tienes la impresión de no haber recibido este permiso a triunfar en lo que haces, si sueles fracasar a pesar de tener planes de acción sensatos, los ejercicios siguientes te servirán precisamente para subsanar poco a poco esta dificultad. La plena confianza en ti mismo te permitirá relativizar un fracaso o una decepción, y sabrás cómo superarlos. De esta manera estarás en mejores condiciones para escuchar a tu intuición.

De hecho, la confianza es un recurso que se trabaja y repercute en todas las esferas de lo cotidiano. Estimula la afluencia de una multitud de experiencias positivas:

vivir con confianza provoca respuestas de confianza en nuestra realidad.

Para aumentar nuestra confianza debemos conocernos bien; esto nos permitirá tener una visión más lúcida y afectuosa de nosotros mismos y, al mismo tiempo, presentarnos a la gente anteponiendo aquello que nos gusta de nosotros en lugar de nuestros puntos débiles (aunque seamos conscientes de ellos). Por otro lado, acostumbrémonos a descubrir de entrada los aspectos positivos de nuestros interlocutores porque la calidad de nuestras relaciones alimenta y estabiliza nuestra confianza personal.

Cuanto más atentos estemos a nuestra intuición, a nuestros sentimientos hacia los demás y hacia los acontecimientos, mejor entenderemos nuestras relaciones y circunstancias. Nuestra visión será más perspicaz y más anticipativa, lo cual es bueno para confiar en nosotros mismos.

Cómo aumentar la confianza en ti mismo

- Escribe en tu libreta cualquier victoria, por pequeña que sea, y «felicítate». De esta manera serás más consciente de esos pequeños éxitos que muchas veces tenemos tendencia a banalizar. Cada uno de tus éxitos, por pequeño que sea, intensificará tu confianza. Aquello que tu reconozcas y valores de ti mismo será también reconocido y valorado por los demás. Haz un inventario de todo aquello que te proporciona satisfacción en tu vida. Siente las emociones positivas que nacen mientras redactas este inventario. Considera que todo lo que tu tienes hoy es una riqueza, esto te ayudará a reducir la idea de «carencia» que mantienes sin saberlo.

- Haz el inventario:
    - En el ámbito de lo material.
    - En el ámbito de las relaciones.
    - En el ámbito profesional.
    - En el ámbito personal.

Recuerda que es esta *idea* de vacío o «carencia» la que evoca esos miedos que disminuyen considerablemente la confianza en ti mismo y el acceso a la intuición. Este inventario te será muy útil en los momentos de tu vida en que te sientas débil o vulnerable. Vuelve a leerlo y a sentir las emociones positivas que activan la idea de lo que posees. Lo que vives en positivo, lo que tú posees, son **proyecciones materiales** de ti mismo. Repasar este inventario te permitirá pues volver a tomar conciencia de las creencias positivas instaladas en tu cerebro.

Aprovecha cualquier ocasión que tengas para vivir estos sentimientos tan agradables. Ellos serán los «imanes» que atraerán otros sentimientos del mismo género.

Secreto n.º 5

Deja atrás tu pasado. Deja de juzgar, de criticar… Reconoce tus intuiciones, pequeñas o grandes, y proponte manifestarlas más. Cuanta más confianza tengas en ti mismo más intuición recibirás.

6 Obtén respuestas instantáneas a todas tus preguntas

Estar en buena sintonía

La forma de ver los acontecimientos y los detalles cotidianos nos da acceso a una información muy valiosa, por eso es importante que intensifiquemos nuestra clarividencia, que tengamos una gran presencia e interés en todo aquello que ocurre a nuestro alrededor, sin hacer juicios de valor. Nuestro día a día está lleno de mensajes, de señales, de coincidencias, que muchas veces ignoramos. Para quitarnos las «gafas de los hábitos» tenemos que sentirnos realmente comprometidos e interesados por todo aquello que forma parte de nuestra vida. De este modo, empezará a «operar la magia» y la existencia empezará a sonreírnos.

Para acentuar esta atención consciente tendrás que empezar por dar importancia a los hechos, encuentros, conversaciones, llamadas telefónicas... Ya hemos visto que lo que ocurre en nuestro entorno exterior es el reflejo de lo que somos. Tenemos que tener mucho interés en escuchar al máximo nuestra intuición para descifrar lo que ocurre en nuestra vida. Esta lucidez, esta atención verdadera, nos aportará unos elementos que podrán ser muy útiles para guiar nuestro proceso de cambio hacia una mayor felicidad.

La intuición y las lecciones del día a día

Con la intención de detectar las ideas que tú crees que son intuitivas y los posibles resultados, decide durante un día estar atento a todos los acontecimientos. Por la noche escribe los resultados y enseñanzas del día en tu libreta. Este ejercicio te ayudará también a tomar más conciencia de la interacción que existe entre tI y tu entorno. Desde esta perspectiva, responde a las siguientes preguntas:

- **¿Qué te han aportado tus conversaciones telefónicas?**

- **¿Qué te han revelado hechos aparentemente anodinos?**

- **¿Qué has aprendido o descubierto de tus encuentros de hoy?**

Después de haber practicado los ejercicios propuestos hasta ahora, muchas personas afirman que la intuición se ha hecho mucho más presente en sus vidas. A lo mejor tú ya has podido constatar que te vienen a la mente pensamientos, sentimientos o imágenes que están en relación directa con lo que tú estás viviendo. Estos mensajes son las ayudas que necesitas para el día a día. Con el tiempo, entenderás mejor la relación que hay entre las cosas y descubrirás la increíble organización de la vida.

A fuerza de practicar estos ejercicios, integrarás el proceso anticipador de la intuición. Familiarizándote con tu inteligencia intuitiva sabrás casi instantáneamente qué elección has de realizar, tanto si se trata de decisiones poco o muy importantes. ¡Es simplemente una cuestión de costumbre!

Con el tiempo verás cómo crece en ti la ilusión y la confianza, tus intuiciones se materializarán en acciones, ganarás tiempo y mucha energía, tendrás ideas espontáneas y se producirán las famosas coincidencias. La realidad exterior diferenciará a las personas y a las circunstancias que estén vinculadas con tus decisiones intuitivas.

No pierdas el contacto con tu intuición en momentos difíciles

Cuando intentamos poner en marcha un proyecto o resolver un problema, recurrimos a todas nuestras capacidades. Generalmente nuestro espíritu lógico y racional se superpone a nuestras facultades intuitivas porque eso nos tranquiliza. Como ya hemos visto anteriormente, la inteligencia racional tiene sus límites de acción, pero la intuición está ahí para eliminar esos límites y tomar las riendas. Cuando eso ocurre entramos en un estado de bienestar en el cual tenemos la impresión de que obtenemos la información fácilmente. Entramos entonces en contacto con lo esencial de nosotros mismos y tenemos acceso a un conocimiento extraordinario.

Habrá otras veces en que esto no se producirá y nos sentiremos muy lejos de nuestra intuición y sentido común. Tendremos la impresión de estar confundidos o inquietos y de que no vamos bien. Al estar demasiado solicitados por nuestro espíritu racional, dejaremos de hacer muchas cosas y nos encontraremos en un callejón sin salida. Se nos nublará la visión y sentiremos ansiedad, tensión, miedo al fracaso...

Puede ser que exista un conflicto en el ámbito de tus motivaciones más profundas o de tus emociones, y que tu voluntad por sí sola no pueda hacerle frente. Cuando todo se bloquea, no sirve de nada obstinarse en encontrar el camino. Este estado en el que todo está enmarañado demuestra que te encuentras en un punto de tu vida en el que tienes que reconsiderar las cosas. No pretendas forzar el destino, no es buena solución. Mejor considéralo como una señal.

Para reencontrar un vínculo con tu intuición y transformar tu estado interior, da un paso atrás y abandona la prisa.

Cambia tu estado interno

Dedica unos minutos a practicar la visualización «Desarrolla tu intuición» (ver págs. 32-33). Esta práctica te ayudará a poner un poco de distancia y a recuperar un estado intermedio. Te permitirá verlo todo un poco más claro. Si te sientes repentinamente confuso, deja lo que estás haciendo, muévete o cambia de lugar, sal a dar un paseo mientras piensas en lo que te está preocupando. Respira de forma consciente. Intenta reencontrar la armonía y el bienestar interior, porque incluso en medio del caos hay una zona de paz. Intenta recordar una situación particularmente positiva; piensa en tu estado interno en ese momento y en las sensaciones que tenías. De esta manera entrará en una dinámica emocional que favorecerá que las cosas se vuelvan más fluidas.

La intuición tiene más posibilidades de surgir en este tipo de energía. Escucha todo lo que te venga a la mente inmediatamente después de este cambio de estado. Seguramente escucharás mensajes e indicaciones muy valiosas sobre el camino que debe seguir. Al recobrar la fluidez accederás a la consonancia y las señales serán más evidentes.

Utiliza las coincidencias para descifrar tu intuición

Todos hemos vivido coincidencias que tomamos por hechos extraños e inquietantes pero que las olvidamos enseguida. Ocurre que las banalizamos o las ignoramos y que sólo tendemos a notar aquellas que son más importantes. Sin embargo, al vincularlas simplemente a los hechos, no sabemos cómo explotarlas. ¡Nos llaman la atención, pero eso es todo!

Si queremos aprovechar su impacto, hemos de darles un sentido e interpretarlas como un mensaje cifrado que se interpone en nuestro camino por una razón muy precisa.

Antes de poder medir la importancia de este fenómeno y beneficiarnos totalmente de su impacto, hemos de entender qué significa. *Una coincidencia es la prolongación de una intención, de una necesidad o de algo que nos apasiona*. Es la manifestación y la extensión de unos estados psicológicos interiores que se asocian a los hechos materiales exteriores de una manera sorprendente. La conjugación de estas dos realidades, interior y exterior, hacen aparecer una señal que responde a un verdadero lenguaje: es la coincidencia. Cualquier coincidencia debería atraer nuestra atención porque nos indica que algo importante va a producirse. Una intuición nos pone en presencia de estas coincidencias para que podamos sacarles partido. Esto nos muestra cómo nuestra vida interior y nuestra vida exterior están estrechamente ligadas y responden a un plan marcado. La intuición nos indica la pista a seguir.

Existen coincidencias anecdóticas y otras más significativas. C. G. Jung denomina a estas últimas «sincronicidades». Una sincronicidad es la aparición, simultánea e imprevista, de dos hechos vinculados por su significado pero sin relación de causa aparente, ni en el tiempo ni en el espacio.

Cuanta más atención prestamos a las coincidencias mejor las entenderemos y más dominaremos nuestra vida. Éste es el mecanismo que crea las coincidencias y del que tú podrás aprovecharte si sigues la siguiente propuesta:

Aprovecha las coincidencias, hechos y encuentros fortuitos

Para que las coincidencias cumplan con su función, debemos acostumbrarnos a preguntarnos ante cada una de ellas: ¿Qué sentido tiene? ¿Qué quiere decirme? ¿Cuál es el mensaje? ¿A cuál de mis preguntas responde? ¿Es un aliciente o una advertencia? ¿En qué pensaba justo antes de que se produjera?

Del mismo modo, cuando te encuentres con una persona «por casualidad, interésate por esa persona, por lo que hace, por lo que espera de la vida en ese momento. Si le dedicas un poco de tiempo, es bastante probable que ella posea inconscientemente esa respuesta o esa información que de verdad tu necesitabas (y viceversa).

Piensa que esa persona tiene una clave que darte y antes de finalizar la conversación verás cómo te la da. Durante todo el intercambio, fíjate en sus reacciones y en lo que dice, sobre todo en los momentos en los que se sienta dinamizada.

La coincidencia puede ser la respuesta que uno estaba esperando, además puede también ponernos rápidamente en presencia de un intermediario (situación o persona) que nos dará el significado definitivo. Entonces nos diremos: «¡Ah, ya lo entiendo, era eso!». Incluso podemos tener la sensación de que hemos estado de suerte, por lo bien que han encajado los hechos.

Provocar, estas felices coincidencias, requiere de nosotros que estemos más atentos a los acontecimientos del día a día. Aprovechemos las ocasiones, demos importancia a todas estas informaciones y mejoraremos nuestra vida. Será entonces cuando nuestra existencia será más interesante y excitante.

Gracias a este enfoque de la vida, nos convertiremos además en testigos y actores de estas mágicas coincidencias. Además seremos más sensibles y estaremos más atentos a aquello que surja inesperadamente o que rompa nuestros hábitos, porque sabemos que puede tratarse de un mensaje valioso.

Las circunstancias nos guían aún más profundamente hacia nuestro espacio creador donde encontramos la fuerza para cambiar y actuar según las indicaciones de las coincidencias. ¡Por lo tanto, favorece nuestra felicidad!

Secreto n.º 6

Estate atento a tus intuiciones y a las coincidencias que ocurren a diario para descifrar las señales que te envía la vida para guiarte. Interésate de verdad por las personas con las que te cruzas por casualidad. Es muy probable que tengan información que tú necesitas.

7 Aplica el método intuitivo en el ámbito profesional

Utiliza la intuición en el ámbito profesional

Es probable que sepas identificar mejor tus intuiciones y seguirlas con éxito en tu vida privada y en los detalles de lo cotidiano, pero la intuición es también una gran ventaja en la vida laboral. Entre sus innumerables aplicaciones, es eficaz para tomar decisiones, entender situaciones complejas, encontrar una buena idea, presentir el desenlace de un asunto, tener intercambios fructíferos con la gente, etc. En el ámbito de la investigación, los científicos y matemáticos le deben un gran número de descubrimientos. Y en el campo de las artes inspira y da *genialidad* a los artistas.

Escuché hace un tiempo una entrevista a J. K. Rowling, la autora de *Harry Potter*. Ella explicaba que estaba una vez en un tren haciendo un largo viaje cuando tuvo la intuición de la historia de Harry Potter. Mientras miraba por la ventanilla del tren, tuvo la visión de este joven héroe, su fisonomía, etc. Eso fue para ella una auténtica iluminación y enseguida empezó a escribir. A pesar de que su manuscrito fue rechazado por todas las editoriales inglesas, continuó insistiendo hasta que una editorial se lo publicó. Todos conocemos el enorme éxito de J. K. Rowling. Esta historia nos enseña que existen muchas posibilidades que sólo pueden ser reconocidas y que se puede luchar por cualquier proyecto. La intuición ha jugado un papel fundamental en el destino de esta mujer.

Aunque la determinación y el hecho de creer plenamente en uno mismo nos ayuden a conseguir el éxito, al principio siempre hay una inspiración.

Todavía son pocas las personas que admiten públicamente fiarse de su intuición, por cuestiones de credibilidad. Sin embargo, los que triunfan, aunque sea confidencialmente, reconocen que su instinto, un auténtico radar, ha jugado el papel más importante en su éxito.

En el ámbito laboral, donde todavía predomina la *razón*, puede suponerle un gran reto seguir tus intuiciones. Hay mucha gente que sigue asociando la intuición a la videncia, a lo paranormal, a lo irracional imprevisible. Considera que validar una intuición es asumir un riesgo increíble. Sin embargo, no es una intuición la que nos puede producir un perjuicio sino lo que hacemos en concreto.

Es precisamente esto lo que vamos a abordar ahora para que aprendas a aprovecharte de tus intuiciones. Ya sabes que es importante que te familiarices con el proceso intuitivo para adoptar una buena actitud. Para ello, recuerda estos parámetros fundamentales:

* Una intuición es el resultado de una multitud de informaciones que nuestro cerebro ha registrado e interiorizado.
* Es una respuesta cuyo último objetivo es darnos una solución y hacernos vivir experiencias positivas según nuestros criterios de bienestar.
* Se manifiesta con más frecuencia y rapidez en los ámbitos que uno domina. Cuanto más extensos sean nuestros conocimientos más atajos sabe tomar la in-

tuición. Su proceso puede expresarse a través de las inspiraciones, de la creatividad, de las revelaciones.

- Puede ser validada por los indicios tangibles que se detectan en la realidad aunque de entrada no seamos conscientes.

Tu comportamiento ante una intuición será determinante para que tus compañeros te tomen en serio.

Sobre este tema, Philippe Abadie, especialista en sistemas de información en el Ministerio del Interior para la revista *Management* para la que yo también he sido entrevistada, explica:

> *Yo tengo un instinto muy seguro, pero si me contento con decir a mis compañeros que no tengo buena sensación sobre un proyecto, sé que se van a reír de mí. Por esto, me esfuerzo siempre en encontrar argumentos racionales para ratificar mi opinión.*

Esta estrategia es la mejor para tranquilizar a tus colaboradores. Cada vez que una intuición surja de tu cerebro derecho, acostúmbrate a pasarla al cerebro izquierdo, el especialista en lo racional y la acción, e identifica los elementos e indicios que corroboran tu intuición. Si por ejemplo, en el transcurso de una entrevista, percibes una disonancia entre lo que el interlocutor te dice y el eco de tu vocecita interior, compruébala. Formula alguna pregunta para esclarecer tu percepción. Al establecer pasarelas entre tu lado intuitivo y la realidad material, ganarás competencia y credibilidad.

A medida que vayas obteniendo buenos resultados, tu entorno se irá convenciendo de la autenticidad de sus intuiciones y quizás te sientas también animado a seguir las suyas.

Cuando tengas un buen *feeling* sobre un trabajo o un proyecto, dedícale tiempo, investígalo bien. Quizás así se destapa una nueva oportunidad. En cambio, si no tienes *feeling*, toma en serio tu presentimiento porque es quizás una señal de alerta. Has de estar muy atento a cómo van desarrollándose las cosas y a los indicios que te han alertado, ¡así podrás cambiar las cosas a tu favor!

El genio de la intuición

Los expertos, los miembros de un jurado y todos aquellos que tienen que seleccionar y evaluar la actuación de una persona o de un producto deben desconfiar de sus prejuicios puesto que éstos orientan su opinión y dejan poco espacio a la intuición y a una evaluación exacta.

La intuición capta en un instante, como si fuera un radar, el «valor» real de una prestación o de un producto. Enseguida detecta los elementos determinantes. De la misma manera, una larga serie de encuestas, de análisis y de informes pueden perjudicar la toma de decisiones. El exceso de información dispersa y bloquea el buen juicio. Para hacerse una opinión fiable es preferible utilizar la *intuición inmediata*.

Cuando algo nos coge por sorpresa o cuando vivimos una situación no habitual, nuestras antenas se despliegan para adaptarse al nuevo contexto, activando así la aparición de intuiciones.

De todas formas, como la intuición tiene tendencia a manifestarse más cuando estamos relajados, deberíamos entrenarnos a cultivar este estado de ánimo.

Para esto, respira profundamente, cierra los ojos e imagínate en un lugar maravilloso donde te sientas sereno, entusiasta y seguro. Dialoga contigo mismo.

Hazte preguntas y deja que fluyan las respuestas. Éstas te podrán venir inmediatamente o al cabo de unas horas.

Hay periodos en los que es importante aceptar que la información se recibe poco a poco puesto que la intuición, como ya hemos visto, no nos lo da todo de golpe.

Si, por ejemplo, queremos cambiar de trabajo, la intuición nos dará pistas sobre nuevos empleos o profesiones que mejor nos van. Para ello, debemos formularnos preguntas claras[10] y activar nuestra intuición, porque en lo más hondo de nosotros, ¡están las buenas respuestas!

Las personas intuitivas saben que el dinero llega siempre en el momento oportuno. Recuerde que una intuición es siempre una respuesta a una pregunta o a una petición interior.

El siguiente ejercicio te familiarizará con la toma de decisión positiva. El procedimiento es parecido al que nos ocurre habitualmente de manera inconsciente: ante cualquier dilema buscamos aquello que nos proporcionará más experiencias positivas.

Decide siguiendo el dictado de tu intuición

Instálate cómodamente. Dedica unos minutos a centrarte en tu modo intuitivo. Imagínate, en tu mundo interior, un camino simbólico que, en un momento dado, se separa en dos. Son dos caminos, dos posibilidades, que se te ofrecen. Es importante pues que los

---

10. Ref. Vanesa Mielczareck, *Le guide de la personne heureuse*, Le Courrier du Livre, 2009.

identifiques claramente. Por ejemplo, en el caso de un cambio de trabajo, los dos caminos pueden ser dos ofertas de trabajo diferentes. O, si estás pensando en dejar su trabajo las dos alternativas son: «me quedo en el trabajo actual» o «dejo el trabajo».

Escoja una de las dos alternativas con la intención de estudiarla a fondo. Imagínate el resultado final. Supón que todo se ha realizado e imagínate la situación. ¿Cómo te sientes interiormente? ¿Cómo te sientes física y emocionalmente? ¿Qué postura adoptas? ¿Qué emana de ti? ¿Cómo son tus relaciones con tu entorno familiar? ¿Cómo te lo pasas con tus compañeros? ¿Estás de acuerdo con el resultado? ¿Te sientes feliz? ¿Es lo que tú de verdad querías? ¿Qué has ganado con esta elección? ¿Qué siente tu corazón?

Una vez examinada tu situación con la primera de las alternativas, regresa al punto de partida y examina la segunda opción. Realiza el mismo ejercicio prestando atención a todas tus percepciones sensoriales.

Después, a la vista de los resultados, decide cuál es la mejor opción. Si te acostumbras a proceder siempre así, aprenderás a identificar tus criterios sensoriales que son los indicadores de la elección.

Con un poco de entrenamiento sabrás, ante cualquier elección, tomar intuitivamente la mejor decisión.

Si sabes escuchar tus sentimientos, tus sensaciones corporales, sabrás verificar si una nueva situación te conviene o no. Si tu exploración, y sobre todo el resultado, son el reflejo de lo que tu deseas, entonces adelante.

Si por el contrario, sientes bloqueo o malestar, son señales que te advierten de que debes reajustar o modificar eso que estáS intentando emprender. Escucha tus sentimientos y pide detalles a tu intuición.

¿Qué hacer si la intuición no funciona?

¿Eres de los que nunca ves venir nada y las cosas se te vienen encima? ¿La gente te defrauda y tus relaciones en el trabajo se complican? ¿En el trabajo siempre tomas malas decisiones?

¿Te ocurre que, a pesar de haber practicado la visualización «Desarrolla tu intuición» (pág. 32-33), sigues teniendo dificultades para contactar con tu intuición cuando la necesitas?

Al principio, acepta simplemente este hecho, sin reprocharte nada. Cada uno avanza por el camino de la intuición a su ritmo. A lo mejor simplemente necesitas más tiempo de entrenamiento. Hasta que no tengas plena confianza, empieza por utilizar esta práctica en cosas poco importantes. Aprende también a relativizar las cosas o a verlas desde un nuevo ángulo.

¿Una intuición que no funciona?

La intuición forma parte de ti así que si no puedes contactar con ella pregúntate qué es lo que te bloquea. ¿Qué representa para ti? Si no consigues acceder a tu intuición, recuerda que detrás de cada hecho hay una intención positiva. Pregúntate qué tiene de beneficioso esta incapacidad.

Analízalo con calma, sin exigirte una respuesta inmediata, y abre las puertas a posibles coincidencias ya que ellas pueden arrojar algo de luz. Sobre todo no te agobies. A veces, las personas que tienen dificultades para confiar o las llamadas «controladoras» encuentran dificultades en el desarrollo de su intuición. Al no querer o no poder dejarse llevar, evitan siempre lo imprevisto y buscan el control de todo en su vida. Tienen la impresión de que si se dejan llevar por la intuición perderán su poder y esto activa sus temores. Estas personas también deberían preguntarse: ¿Estoy preparado para entender la realidad?. Si tú te identificas con este perfil de persona, tendrás que hacer un verdadero trabajo interior para aceptar e integrar esta parte intuitiva en tu manera de pensar.

Si después de una larga práctica, te sientes todavía alejado de tu intuición, es posible que tengas un verdadero bloqueo personal. Si es así, te recomendaría que te dejaras ayudar por un profesional. Una dificultad emocional puede bloquear sin duda la función intuitiva.

Una vez superado el problema, reencontrarás de repente tus capacidades intuitivas y obtendrás excelentes resultados en el día a día y en la práctica de la lectura intuitiva que es de lo que trata el próximo capítulo.

Secreto n.º 7

Confía en tu inteligencia intuitiva para tomar una decisión, encontrar una buena idea o reclutar a una persona…

¡Los que triunfan reconocen que la intuición ha jugado un gran papel en su éxito!

8 Aprende la comunicación intuitiva

Practica la lectura intuitiva para dominar tu intuición

Después de haber practicado los ejercicios de este libro, muchas personas afirman que su intuición está mucho más presente en sus vidas. A lo mejor tú ya has podido constatar que tienes pensamientos, sentimientos o imágenes que están en relación directa con lo que estás viviendo o con los detalles de lo cotidiano, y que estos mensajes son una ayuda fenomenal en muchas situaciones.

Una mujer, muy consciente de su intuición, me contó que acababa de meter en un sobre un contrato que había firmado y que debía enviar, sin embargo, algo le hizo frenar el envío. Percibió una resistencia que le indicaba que había un problema. Su impresión era muy física. Recordó entonces los términos del contrato, sin embargo, todo parecía correcto. Decidió entonces abrir el sobre para verificar los términos con precisión y se dio cuenta de que una de las cláusulas estaba equivocada. Este error podría haberla arruinado económicamente... Tuvo entonces que reemprender la negociación para rehacer el contrato y firmarlo.

Su *cerebro intuitivo* había detectado la anomalía y le había enviado un mensaje de alerta.

Si prestamos atención a todo lo que nos pasa, nos costará menos *ser conscientes* de los mensajes simples que se nos manifiestan a diario. Así es cómo aprenderemos a familiarizarnos con los códigos de nuestra intuición.

La «lectura» o comunicación intuitiva

Las intuiciones claras y simples son fáciles de entender y validar pero a veces se presentan de una manera simbólica y necesitan una interpretación. Es precisamente al hacer esta interpretación cuando podemos cometer errores. Para habituarnos a descifrar este tipo de información, te propongo un método que yo enseño en mi escuela de *coaching* intuitivo. Se trata de un proceso comparable al aprendizaje de una lengua extranjera que yo denomino **comunicación intuitiva** o **lectura intuitiva.**[11] Al principio, tenemos tendencia a traducir literalmente y con la práctica aprendemos a entender el sentido global de la frase para destacar la *idea*. Para que tu intuición fluya continuamente, tendrás que descubrir tu propio lenguaje simbólico y tus indicadores que son los que te permitirán dar sentido a las intuiciones que recibas. Cada uno de nosotros tiene sus propios códigos y sus referencias internas según hayan sido sus experiencias en la vida. Por ejemplo, para una persona el color rojo puede significar sangre, dolor, pérdida, mientras que para otra puede significar acción, valentía, espíritu de conquista. En este caso, las dos interpretaciones son diferentes. Con el transcurso de la práctica irás familiarizándote con tu propio vocabulario intuitivo para dar el sentido justo a los símbolos que tu recibas durante la comunicación intuitiva. Y esto repercutirá automáticamente en tus intuiciones espontáneas del día a día.

---

11. Ref. Judee Gee, *Comment développer votre intuition*, Dangles, 1995; Pierre Lassale, *La Voie de la lumière*, Éditions de Mortagne, 1991; Sylvain Bénger, *Devenez intuitif*, Éditions Quintessence, 2003.

La lectura o comunicación intuitiva es el procedimiento por el cual se ejercen nuestros talentos intuitivos de manera consciente. Se trata de traducir e interpretar verbalmente la información recibida por nuestros canales de percepción.

Esta práctica intuitiva utiliza la inteligencia de nuestro cerebro derecho que *piensa* en las imágenes, posee las claves de la memoria viva y dirige una gran variedad de emociones. Su objetivo es el de ofrecernos un nuevo punto de vista sobre algo determinado.

Recordemos que esta comunicación es el fruto de *nuestra* percepción y de *nuestra* interpretación, por lo que tendremos que abstenernos de considerarla como una verdad absoluta. Tendremos que vigilar este aspecto sobre todo cuando hagamos este trabajo para otros. Veremos más adelante que es posible poner nuestra intuición al servicio de otras personas y esta técnica es muy interesante.

La lectura intuitiva es una **sucesión libre de pensamientos o ideas** que funciona como si fuera un proceso de deducción. Para su aprendizaje se necesita tiempo, atención y perseverancia, como para cualquier otro aprendizaje.

A medida que vayamos desarrollando nuestra intuición, seremos capaces de leer la naturaleza y la finalidad de una situación o de un problema, el estado emocional y la energía de una persona, acceder a las secuencias del pasado, del presente y del futuro, e incluso a los recuerdos de un lugar. El campo de aplicación es inmenso y atañe a muchos ámbitos de la realidad. Cada uno puede orientar su intuición hacia sus propios centros de interés.

Lógicamente, la intuición debe ocupar un lugar en nuestra manera de pensar y de funcionar. Para ello tenemos que saber exactamente cómo utilizarla. De este modo, podrá integrarse mejor en nosotros y manifestar toda su *genialidad*.

Ya hemos visto que necesitamos la colaboración de la inteligencia lógica y racional, y de la inteligencia intuitiva, para dominar todas nuestras facultades y aprovechar las oportunidades que se nos presentan en la vida.

La lectura o comunicación intuitiva es una oportunidad que nos permite entrar en una corriente de evolución. Es una forma no habitual de recopilar la información que recibimos para entender a una persona o una situación y tomar buenas decisiones. Durante la «lectura» vamos recibiendo información que nos concierne. Si practicamos este trabajo en una persona, los mensajes serán para ella. Es como si pudiéramos leer al otro como si fuera un libro abierto.

Cómo hacer una lectura intuitiva

Como preparación inicial, empieza realizando la visualización «Desarrolla tu intuición» (ver págs. 32-33) durante cinco minutos y con los ojos cerrados.

(Si realizas una lectura de una persona, visualiza su presencia como si estuviera sentada delante de ti. Imagínatela y hazte preguntas sobre ella).

Pídele a tu intuición que deje aparecer en tu pantalla interior la *percepción simbólica de un objeto* que la represente actualmente (como no es más que un soporte, podría tratarse también de una construcción, un animal, un paisaje...). Espera. Cuando se presente una imagen o una percepción, examínala, defínela. Utiliza todos tus sentidos para poder «contextualizar». Se preciso en su descripción. El símbolo del objeto es un soporte bastante fácil de interpretar; te permitirá traducir los elementos de su personalidad y de su funcionamiento.

Haz una descripción precisa de todo aquello que veas y sientas. Escucha las palabras, las frases que te vienen a la mente.

Identifica los puntos que parecen problemáticos y los que por el contrario son positivos y equilibrados. Así verás cuáles son tus debilidades y tus puntos fuertes o recursos de los que puedes disponer. Explora todas estas pistas.

Por último, pide a tu intuición que interprete toda la información recibida, haciendo conexiones con tu vida concreta. Identifica el significado de lo que percibes. Finaliza siempre la lectura con un tema constructivo.

¿Qué punto positivo recuerdas? ¿De qué te has dado cuenta? ¿Cuál es tu respuesta?

Si realizas este trabajo para alguien, comparte algo de tiempo con él al final de la sesión.

Éste es un punto importante porque la crítica constructiva que esa persona te hará, te permitirá mejorar la práctica, extrayendo lecciones y afinando así tus experiencias intuitivas. Por lo tanto es importante que escuches bien los comentarios que te haga.

A continuación veámos algunas aclaraciones sobre el tema de la lectura o comunicación intuitiva que te permitirán cultivar tu talento de una forma ética.

A través de la lectura intuitiva acumulamos los mensajes e informaciones que se nos transmiten. Va más allá de las apariencias y nos hace conscientes de aquello que está oculto, que es poco claro o confuso. Actúa como si fuera un revelador.

Es importante que procuremos aclarar nuestras intenciones sobre lo que nos motiva a proponer una lectura a otra persona. En este sentido, tenemos que tener en cuenta que una lectura se practica para ayudar a otro a tener un punto de vista sobre sí mismo o sobre una situación. Es, por tanto, absolutamente necesario que sigamos todos los protocolos para respetar este objetivo.

Así pues, cuando practicamos la «lectura» de otro debemos respetar las siguientes reglas:

- Actuar de corazón y dar lo mejor de nosotros.

- Hacer un trabajo personal para evitar proyectar sobre el otro nuestra propia realidad. Como mínimo tendríamos que saber reconocer cuándo lo estamos haciendo.

- Ser consciente de lo que nos motiva a proponer este talento. La intención con la que actuamos genera una energía que, tarde o temprano, nos volverá en la misma forma.

- Equilibrar la naturaleza de las informaciones que recibimos entre los elementos negativos y positivos. Recordemos que de todo lo que percibimos de negativo o problemático, siempre se puede extraer algo positivo.

Este ejercicio se puede realizar sobre uno mismo o sobre los amigos, la familia, etc. Podemos proponer una lectura sobre la marcha, pero es necesario que la persona tenga una pregunta clara a formular. Evite «hacer de psicólogo», solamente los profesionales tienen capacidad para explotar este proceso y ayudar a los que lo necesitan. Hay muchas aplicaciones posibles aunque yo casi siempre propongo y practico la «lectura» durante los momentos clave del trabajo personal de mis clientes.

Cómo utilizar concretamente la intuición y obtener respuestas

Se pueden practicar muchos tipos de lectura para los cuales el protocolo es idéntico. Tendrás que entrenarte para dominar poco a poco esta técnica puesto que la inteligencia intuitiva se enriquece gracias a la aplicación constante.

Para empezar, te resumiré las etapas del protocolo de la *lectura* de la página 102. Una vez instalada en tu modo intuitivo, te formularás interiormente la pregunta. Después tendrás que solicitar la recepción de una imagen, un sentimiento o las palabras que traducirán la respuesta, y, por último, tendrás que interpretarla.

Si se trata de hacer la lectura de una persona, tendrás que haber practicado lo suficiente sobre ti mismo hasta haber desarrollado tu sensibilidad intuitiva. Además, es conveniente que sigas las reglas esenciales de comunicación:

- Utiliza el «yo» para implicarte en aquello que compartes con el otro, así evitarás proyectar sobre él tus informaciones. Di: «Yo voy...», «Yo siento que...», «Yo tengo la impresión de que...»

* Se diplomático porque tus palabras tienen un impacto muy importante. Elige con precisión tus palabras para que la otra persona las entienda bien.

* Especifica que tu lectura refleja tu percepción de las cosas. Así, si la persona ve que tu percepción tiene sentido para ella, se la apropiará. La persona ha de notar que tú la estás leyendo y así se instaurará un clima de confianza.

* Se neutro, elimina cualquier juicio o crítica de tu mente, porque esto es contrario a la expresión intuitiva. A cambio, cultiva la benevolencia, la empatía y la mentalidad abierta.

* Por su carácter íntimo, la «lectura» debe ser confidencial. Cualquier información que la otra persona te dé, pertenece a ella. Por lo tanto, te invito a que seas extremadamente discreto.

* Al principio, la lectura debe hacerse con los ojos cerrados, así estarás centrado en ti mismo y en el proceso de transmisión de información.

Al principio, es posible que tengas la impresión de estar fabricando la información o de que se trata de un tema de autosugestión. Hasta que no te habitúes a este proceso intuitivo tan particular es normal que tengas esta impresión. Lo único que tienes que hacer es experimentar. La primera lectura que te propongo consiste en efectuar un balance, analizar tu estado global. Es un trabajo de ti mismo (es lo que se denomina autolectura) y después de haberlo practicado en ti mismo podrás llegar a practicarlo sobre otra persona. El proceso es el mismo en ambos casos.

Durante una lectura recibimos imágenes y símbolos, así la interpretación se realiza sobre tres niveles:

* La imagen simbólica da el contenido.

- La estructura de la imagen o del escenario revela el posible problema.
- El sentido de la imagen revela su orientación, su finalidad y su intención.

Para ilustrar este trabajo te pondré el ejemplo de autolectura de Julie, una de mis alumnas, muy indecisa, que se planteó la pregunta: «¿Estoy preparada para emprender mi actividad como persona independiente?» Hizo la visualización, expuso su pregunta y recibió la imagen simbólica de un manzano cargado de frutos en una verde pradera, por la cual atravesaba un río de agua clara y cristalina. En un lado de la imagen aparecían otros árboles reagrupados.

La primera impresión de Julie fue positiva, entonces se preguntó el sentido de esta imagen y los elementos que le vinieron a la mente fueron los siguientes:

> *Las manzanas le indicaban que su proyecto había llegado a su madurez, que ella estaba preparada para ofrecer sus servicios y para lanzarse. El río representaba la fluidez de su proyecto, el movimiento que fluye y que avanza. Dedujo entonces que no había ningún obstáculo a su demanda. Los otros árboles agrupados alrededor representaban los clientes potenciales. Preguntó a su intuición cuáles eran sus puntos fuertes. La abundancia de frutos en el manzano se traducía como la amplitud de sus competencias. La prestación de sus servicios iba a «alimentar» a los demás árboles. Después se preguntó por sus puntos débiles. El manzano aislado en el campo denotaba cierta soledad algo que podía ser un tanto desalentador; debía por tanto rodearse de gente, dejarse ayudar. Si no hacía nada, sus manzanas se echarían a perder. Julie comprendió entonces que fracasaría.*

Al final, su intuición le aconsejó que se lanzara con confianza, y eso es lo que hizo después de haber considerado los elementos de su lectura. Actualmente está feliz de haber seguido su intuición.

Descifrar los símbolos

Ten siempre en mente que los símbolos tienen su propio lenguaje. Nuestra habilidad para descifrarlos depende de nuestro interés y de nuestra manera de leer habitualmente las señales en nuestra vida cotidiana. Cada símbolo tiene un significado particular que debe ser interpretado por la persona que hace la lectura y que captará la idea que está intentando expresar.

Recordemos que el simbolismo es un lenguaje universal vehicular de todas las culturas.

Saber hacer las preguntas adecuadas

El secreto del éxito de cualquier lectura que hagamos sobre otra persona o sobre nosotros mismos, está en nuestra habilidad de saber formular a nuestra intuición las preguntas adecuadas. Son ellas las que nos dan la verdad de lo que percibimos en el instante. En el proceso de la lectura, actúan como si fueran una petición enviada a la inteligencia de nuestro cerebro derecho.

En el momento en que uno se coloca frente a otro para «leerle», se produce un intercambio de energía sutil cargado de información. También se vincula nuestro inconsciente con el del otro. Todos estamos llenos de vibraciones que son una verdadera reserva de memorias.

La intuición despliega todas sus antenas para captar los datos. Se basa en el siguiente principio: todo está vinculado. Por lo tanto, en una sesión de lectura, formula las preguntas claramente. Toda pregunta requiere una respuesta, puesto que la una no puede existir sin la otra y en una reside la otra. Tus interrogaciones crean un diálogo directo con tu intuición, el cual se convierte en el referente de base. A modo de ayuda te presento a continuación un abanico de preguntas que podrías utilizar durante la lectura.

Preguntas referentes a un problema:

* ¿Qué significa tal símbolo? ¿Es sí o no? Retoma tus códigos definidos en la pág. 30.

* ¿Qué problema esconde este símbolo?

* ¿Cómo lo debo entender?

* ¿Qué debo transformar para conseguir mi objetivo?

* ¿De qué me tengo que despojar o, al contrario, qué recurso debería desarrollar?

Tratar un problema con intuición

Hacer de un problema una oportunidad de evolución permite recuperar toda la energía que está concentrada para hacer una dinámica positiva. Gracias al proceso de la consciencia, podemos quitar hierro al problema integrando las lecciones que él nos ofrece. La lectura intuitiva es una ayuda muy valiosa en la resolución de problemas; recordemos que el problema lleva en sí el germen de la solución. Para practicar la *lectura de un problema,* debemos previamente formularlo con claridad, incluso escribirlo si se trata de hacer una lectura de nosotros mismos. Si lo precisamos de esta manera, concentramos su energía, lo cual facilita el trabajo intuitivo. Veámos cómo funciona el proceso tanto para lectura de uno mismo como para la lectura de otro que ya hemos visto que es igual.

Lectura intuitiva de un problema

Realiza la preparación personal «Desarrolla tu intuición» (ver págs. 32-33) y dedica 5 minutos a instalarte en modo intuitivo. Piensa con el corazón.

Formula interiormente el problema o la pregunta a estudiar. Así liberas su intención.

Pide a tu intuición que deje aparecer en tu campo de consciencia una *imagen simbólica que represente el problema expuesto*. Tómate tu tiempo hasta que la imagen se instale en ti, será ella la que describirá la naturaleza del problema.

Describe la imagen y los símbolos que veas, siente y escucha, y hazlo de una manera global. Después concentra tu atención sobre esa imagen, provoca la libre asociación de ideas intuitivas de cada elemento.

Dale sentido a todo este conjunto con ayuda de preguntas. Haz paralelismos con tu vida concreta. ¿De dónde viene el problema? ¿Si hay otras personas implicadas en este problema, quiénes son? ¿Qué sentido tiene este problema, cuál es el mensaje? ¿Qué tendrías que modificar para resolver las cosas? ¿Cuáles son las fuerzas, las ventajas a tener en cuenta?

Para terminar la lectura, formula un último mensaje.

Procediendo de esta manera podrás aprender lecciones muy valiosas practicando *la lectura de una relación, de un proyecto, de un estado psíquico...* Se creativo porque el soporte simbólico es el canal para absorber una multitud de informaciones muy útiles para avanzar en la vida.

Verificar que la información es intuitiva

Es cierto que la intuición no se apoya en la razón, sin embargo, es posible asegurarse de su veracidad. En el transcurso de una lectura, en cuanto recibas una imagen en tu campo de consciencia, deséchala y mira si vuelve a aparecer de la misma manera. Si es así, es que se trata de una percepción intuitiva. Si después de haber expulsado la imagen, se manifiesta otra, es que tu mente o tu imaginación fabrican estas informaciones que surgen de maneras diferentes. En este momento, dedica unos instantes a centrarte de nuevo para «conectar» con tu cerebro derecho y tus capacidades intuitivas, y a continuación entra de nuevo en el proceso de lectura.

Recibir información a través de los sueños

Cuando soñamos entramos en un mundo paralelo donde todo parece extremadamente real. Al analizar un sueño descubrimos un montón de información que nos concierne. En determinados momentos podemos acceder a sueños premonitorios. Éstos son fragmentos de información extremadamente precisos que se verifican en los hechos con todo detalle. Por mi parte, he podido constatar que suelen realizarse a los pocos días de haber tenido el sueño. Normalmente nos acordamos más de nuestros sueños cuando estamos en la fase de sueño ligero: es el sueño paradójico. En cambio, es más difícil acordarse de los sueños en la fase de sueño profundo, cuando es difícil despertarse, es más difícil acordarse de los sueños.

Las fases del sueño

El dormir y el sueño nos sumergen en un estado modificado de consciencia donde se aceptan todo tipo de contenidos, de escenarios. La consciencia ya no está sujeta a nuestra razón ni a nuestra percepción habitual del tiempo y del espacio y no sufre la censura de nuestro inconsciente. Esta experiencia ofrece inmensas oportunidades de aprender a conocerte, de trabajar sobre ti mismo y de despertar las capacidades psíquicas. Por otra parte, algunas civilizaciones la utilizan comúnmente como una herramienta de conocimiento: aborígenes, chamanes, indios americanos, etc.

Este estado de consciencia existe en otras prácticas además del sueño: la relajación, la meditación, el trance, la lectura intuitiva, la creatividad, la experiencia extrema, la hipnosis... todas estas experiencias nos sumergen en este estado no ordinario de consciencia que facilita el acceso a la intuición y nos permite resolver problemas y conflictos internos.

Tenemos la posibilidad de actuar sobre nuestro sueño en determinadas fases del mismo y podemos influir sobre su contenido si nos acostumbramos a respetar nuestra necesidad de sueño. Si deseas profundizar en estas técnicas, consulta con un especialista del sueño o lee algún libro sobre el tema.[12]

Las principales fases del sueño son:

- La primera fase denominada *alfa* dura alrededor de veinte minutos después de dormirse y veinte minutos antes de despertarse. Podemos sentirnos ligeramente conscientes. Es en esta fase cuando nuestra voluntad puede intervenir sobre el sueño que hemos tenido.

---

12. Ref. Michel Nachez, *Les États non ordinaires de conscience*. Marabout, 1997.

- La segunda fase se denomina *theta*. El sueño puede ser entrecortado pero tenemos conciencia de haber dormido y nos acordamos de nuestros sueños.

- La tercera fase, *delta*, dura alrededor de treinta minutos. El sueño es bastante profundo y no solemos despertarnos.

- La cuarta fase es la del *sueño profundo*.

- La quinta fase es la del *sueño paradójico* y se reconoce como el momento del sueño. La persona puede estar consciente para actuar sobre su sueño.

Cuando te despiertes intenta recordar tu sueño porque suele borrarse de la memoria enseguida. Por la noche, antes de irte a dormir, procura mentalizarte para recibir mientras duermes un mensaje intuitivo. Formula tu pregunta con convicción ya que así movilizarás tu subconsciente y tu intuición. Podrías también escribir tu pregunta y colocarla sobre la mesita de noche. Al día siguiente, cuando te despiertes, repasa mentalmente tu sueño antes de que se evapore y toma notas.

Por ejemplo, el guión de un sueño revelador podría ser:

- El principio del sueño expone la cuestión del problema: es la representación del sujeto.

- El medio del sueño te da las claves para resolverlo. Aquí tu puedes intervenir y modificar el desarrollo del sueño.

- El final del sueño muestra que va a pasar si tú no cambias nada tu actitud. Indica el desenlace final y puedes aprender mucho sobre ti mismo.

Acostúmbrate a dar sentido y a analizar con ayuda de tu cerebro derecho lo analógico, lo simbólico, lo imaginativo.

Si esto te interesa, puedes aprender a actuar dentro del sueño trabajando la autoprogramación.

La programación de los sueños es una técnica moderna que viene de una práctica antigua denominada «incubación onírica»,[13] que en la antigua Grecia y en Egipto tenía sobre todo un objetivo terapéutico y religioso. La incubación onírica era un proceso por el cual un sueño revelaba la solución a un problema, casi siempre médico. En esa época, los sueños eran considerados premoniciones y profecías a través de las cuales los dioses se dirigían a los humanos.

La versión contemporánea del análisis de los sueños fue inventada por el fundador del psicoanálisis Sigmund Freud, quien lo instituyó como «la vida real hacia el inconsciente». Según Freud, los sueños tienen una función esencialmente psíquica de regular y equilibrar. Los deseos reprimidos, los instintos inconfesados, los castigos vividos durante el día pueden tomar forma durante los sueños.

El psiquiatra Carl Gustav Jung, asoció el sueño a una expresión de la espiritualidad. Expuso la función del alma en este proceso. En el libro *Ma vie*, escribió: «el sueño es una puerta estrecha, escondida entre aquello que el alma tiene de más oscuro y de más íntimo».

Secreto n.º 8

Para validar tu intuición aprende a detectar los datos relacionados con tu vida cotidiana. Utiliza siempre que puedas la descodificación de los símbolos para obtener las respuestas que buscas.

Con el entrenamiento sabrás interpretar con fiabilidad la información recibida.

---

13. *Ibíd.*

9 Activa tu suerte para mejorar tu vida

Identifica el perfil de las personas felices y conviértete en una de ellas

Hay quien tiene la sensación de tener una buena estrella y disfruta de tener golpes de suerte, otros, en cambio, están convencidos de ser unos desafortunados y de que los golpes de suerte están en su contra. Para ellos, los problemas se acumulan como si navegaran a contracorriente de su propia historia.

Para entender bien la verdad que esconde el término «suerte», tenemos que renunciar a la idea de que se trata de una fuerza mística, un fenómeno exterior a nosotros y que necesitamos una especie de amuleto para atraerla. Nuestras supersticiones y nuestra imaginación nos hacen creer que un Dios Todopoderoso es quién decide que unos tengan suerte y otros no. A estas alturas del libro, ya sabes que tu ejerces una influencia enorme en tu vida y que todos los objetos fetiche o talismán tienen la función que cada uno quiera darles. Es sobre todo la intención que les demos la que nos hace creer que actúan de portadores de felicidad. A menudo invocamos a la suerte o a la mala suerte, a la fortuna o al azar, para hablar de hechos sorprendentes, increíbles e inexplicables. Pero sobre todo les damos estos calificativos porque no comprendemos cómo se producen.

Lo que denominamos suerte, en realidad, es esta experiencia singular de una fuerza extraordinaria que surge en determinados momentos de nuestra vida. La suerte es otra manera de referirnos a esas famosas sincronicidades.

La suerte cambia nuestra vida brutalmente y la dirige hacia una dirección extremadamente positiva. Nos lanza señales de felicidad que quedan registradas en lo más hondo de nosotros mismos. Desde el momento en que incorporamos esta idea de que la suerte está en nuestro camino notaremos que en cada instante nos puede llegar lo mejor. La suerte, igual que la mala suerte, expresan dos estados de ánimo, dos actitudes psicológicas radicalmente opuestas, que tienen un verdadero impacto sobre el desarrollo de nuestra vida.

La buena noticia es que en cualquier momento se pueden activar los parámetros psicológicos y conductuales vinculados al fenómeno de la suerte. En realidad, ¡son idénticos a los de la intuición!

¿Cuál es tu perfil?

Con la intención de que conozcas mejor cuál es tu funcionamiento actual y modificarlo en caso de que esté perjudicando a tu felicidad, lee los dos retratos siguientes. Identifica las frases con las que te sientas reconocido, márcalas y después suma las cruces señaladas. Compara después los dos totales y descubrirás cuál es tu perfil en este momento. Estos perfiles deben ser considerados como una herramienta orientada a esclarecer aquello que todavía debes trabajar o modificar. En este sentido, cada cruz que marques en el perfil «desafortunado» no es una fatalidad, ¡sino todo lo contrario! Es una pista de reflexión y de trabajo para progresar en la dirección propuesta en este libro para cambiar las cosas a tu favor. Te recuerdo que este conocimiento de ti mismo te ayudará a cambiar más fácilmente.

El perfil del afortunado
☐ Estado de ánimo positivo, se da cuenta de las oportunidades favorables.
☐ Curioso y abierto a la novedad; a menudo se pregunta qué va a encontrar de interesante en tal o cual situación.
☐ Escucha sus necesidades y las satisface.
☐ Sabe relajarse y calmar su mente.
☐ Escucha su intuición, sus sentimientos, e identifica las señales del día a día.
☐ Cuando está en una situación conflictiva, cree firmemente que se arreglará.
☐ Cree en sus «golpes de suerte» y es decidido.
☐ Se alegra sinceramente de la felicidad de los otros y manifiesta empatía.
☐ Es optimista y sonriente, no le cuesta ser simpático.
☐ Establece vínculos y cuida sus contactos para mantener sus relaciones.
Total sobre 10: ...

El perfil del desafortunado
☐ Cree que atrae todos los problemas, tiene tendencia a darle vueltas a todo y a exagerar su mala fortuna.
☐ Siempre se siente víctima o manipulado por los demás.
☐ Muy serio, incluso crítico y envidioso.
☐ Tiene miedo a afrontar los problemas, los evita y los pone a un lado y los conflictos se le atascan.
☐ Se focaliza sobre todo en lo que no tiene o en lo que ha perdido.
☐ Se desanima fácilmente, renuncia enseguida y deja que otros decidan por él.
☐ No cree en sí mismo, se dice: «No llegaré, no es fácil», o «para mí ya está bien», o «era previsible».
☐ Se comunica poco o habla por hablar.
☐ Cuenta y descarga todas sus desgracias en su entorno.
☐ Pasa poco a la acción, le cuesta decidir.
Total sobre 10: ...

Se afortunado tu también

De hecho, desde las primeras líneas de este libro te estoy sugiriendo medios para poner en práctica la verdadera transformación que provoca la intuición, la suerte y las coincidencias. Entrando en esta dinámica, hasta lo improbable puede hacerse realidad. El doctor Wiseman en su estudio sobre los mecanismos de la suerte explica: *ante la pregunta de ¿a qué es lo que atribuyen sus decisiones afortunadas o desafortunadas?, mis pacien-*

tes se quedaban sin argumentos. Igual que en muchas otras áreas, les cuesta explicar las razones de una suerte o de un infortunio constante. Los suertudos se contentan con decir que simplemente sabían que estaban tomando una buena decisión. Y a la inversa, los desafortunados ven en muchas de sus decisiones desgraciadas una prueba más del hecho de que están destinados al fracaso.[14] Los resultados obtenidos en sus estudios demuestran la importante influencia que ejerce el inconsciente, los comportamientos y la actitud de cada uno de nosotros sobre lo que nos ocurre en la vida. En esto vamos a profundizar ahora para darte pistas de trabajo concretas.

El hecho de tomar conciencia de la naturaleza de tu estado de ánimo y del impacto de determinados comportamientos es el ineludible punto de partida para reducir aquello que te perjudica y te aleja de la intuición y de la suerte. A partir del momento en que te comprometes de verdad a querer obtener lo mejor en tu vida y te sumerges en este trabajo indispensable de replanteamiento de vida, estarás restableciendo un flujo favorable que provocará golpes de suerte. Y, gracias a ello, empezarás a vivir momentos espectaculares que son la repercusión de tus intenciones deliberadas.

Para aprender a reconocer la suerte, recuerda pequeños golpes de suerte que hayas tenido. ¿Qué parámetros tenían en común? ¿Una intuición? ¿Un reencuentro? ¿Un error? ¿Una renuncia? ¿Qué impacto tuvieron estos golpes de suerte en tu vida? Identifica todos estos parámetros ya que forman parte de aquellos que te acercan a la suerte.

---

14. Richard Wiseman, *Notre capital chance*. J.C. Latiès, 2003.

Reencuenta la suerte en todo momento

La experiencia fabulosa de un encuentro con la suerte o la sincronicidad, nos sumerge en lo más profundo de nuestro espacio creador ilimitado, ese lugar de donde surgen nuestros sueños más secretos y, de repente, se hacen realidad. Cuando esto se produce, aunque sea algo esperado, la sorpresa es tal que se produce una transformación interior que alimenta nuestro deseo de creatividad y de dominar nuestra vida. Retornar a este espacio interior, a lo mejor de nosotros, nos llena de energía y vitalidad.

Para ser exitoso cada uno tiene que aceptarse tal como es y poco a poco ir borrando sus propias creencias y comportamientos que se han ido etiquetando en la lista de «desafortunados». Ser afortunado también implica alejarse de ese estado de ánimo por el que paradójicamente uno se siente atraído, atrapado por la desdicha, los dramas....

Definamos la ambivalencia de esta atracción contraria a nuestros intereses. La mayoría de nosotros escuchamos de vez en cuando los escándalos y desdichas de gente desconocida o de famosos que publica la prensa continuamente. De hecho, las desgracias de los otros nos fascinan y al mismo tiempo nos repugnan, y al darles importancia, estamos purificando lo peor de nuestras vidas porque nos regocijamos de no estar afectados por esas catástrofes. Ahora bien, como tú ya sabes, aquello sobre lo que ponemos nuestra atención tiene tendencia a marcarnos a la larga y tener una influencia nefasta en nuestras vidas. Por lo tanto, es interesante estar al corriente de lo que ocurre pero es preferible prestar atención únicamente a aquello que contribuye a mejorar la calidad de nuestra vida. Es mucho mejor que nos interesemos por los nuevos descubrimientos, por las nuevas ideas que emprende tanta gente, por las iniciativas innovadoras, etc.

En el momento en que reconozcamos de verdad la influencia que ejercemos en nuestra vida, cuando asumamos nuestra parte de responsabilidad en todo lo que nos ocurre, estaremos dándonos la oportunidad de ser aquel o aquella que «debemos» ser. Este fenómeno en el que nuestra realidad interior se conjuga con las manifestaciones exteriores nos demuestra nuestra razón de ser y nos lleva a momentos de intensa felicidad.

Provoca la suerte en todo momento

Ahora ya sabes que la suerte no tiene nada que ver con la superstición o el azar. El asunto a tratar ahora es pues cómo activar la suerte y provocar conscientemente coincidencias y sincronicidades.

La estrategia común que emplea la gente exitosa para hacer emerger a la superficie el capital «suerte» y amarrarlo más a su vida es simple pero muy eficaz: cultiva buenos hábitos y modifica los malos.

Veámos ahora cómo clasificar los hábitos y cómo sacar partido de aquellos que provocan estas famosas coincidencias.

Nuestra vida está llena de costumbres adquiridas a fuerza de repetirlas. Algunas son beneficiosas, otras acaban por atraparnos en comportamientos nefastos pero nos hacen actuar espontáneamente, sin reflexionar, y las defendemos con interpretaciones fatalistas como «es lo que hay», «no puedo hacer nada», «aunque intente cam-

biar, es imposible», que lo único que hacen es reforzar-
las. Sin embargo, si retrocedemos un poco y reflexiona-
mos, nos daremos cuenta de que estos malos hábitos
son un autocondicionamiento que nos priva de nuestra
verdadera libertad.

Empieza pues por echar un vistazo a aquello que en el
pasado te ha proporcionado una verdadera satisfacción
o felicidad. Si estos elementos están todavía presentes
en tu vida actual pero ya no te aportan felicidad, es que
la costumbre ha reducido ese sentimiento.

Tendrás que modificar tu percepción de las cosas para
volver a saborearlas de nuevo. Para ello, tendrás que des-
hacerte de lo efectos nocivos de «el hábito de la felicidad».

Adopta costumbres propicias para la suerte

Pregúntate qué costumbres actuales desearías eliminar.
Toma conciencia de la influencia que éstas ejercen sobre
tu vida. Como ahora ya estás familiarizado con el proceso de introspección, elimina los hábitos o costumbres
que te impiden avanzar:

- ¿Qué comportamientos me perjudican? (por ejemplo: dejar que las facturas se acumulen, llegar siempre tarde a las citas, en caso de dificultad replegar-
se siempre sobre sí mismo...).

- ¿Qué costumbres ritualizan o estructuran mi vida?
(por ejemplo: pasar todos los fines de semana en el
mismo sitio, desayunar siempre con las mismas personas, hacer las compras en el mismo sitio, escuchar la misma emisora de radio, tomar siempre el
mismo camino para ir al trabajo, no dirigir nunca la
palabra a gente desconocida...).

Para cada uno de estos comportamientos o rituales, busca un cambio que te permita poner algo de movimiento en tu vida.

Este conocimiento creará en ti el espacio interior que necesitas para tener fuerza y energía para que las nuevas costumbres que hayas elegido deliberadamente se instalen de verdad en tu vida y elimines las que no deseas, pero tendrás que ser perseverante porque las costumbres se integran a fuerza de voluntad y repetición. Al principio pues, y para que una nueva costumbre se convierta en algo espontáneo y automático, tendrás que ser muy disciplinado y consciente.

Reflexiona ahora sobre nuevos hábitos favorables y analiza cómo mejorarían considerablemente tu vida. Para adoptar una actitud positiva, hallar el gusto a las nuevas costumbres, darles todo su sentido y motivarte a seguirlas, utiliza el cuadro que aparece a continuación. Para tenerlo siempre presente, ponlo en la puerta de la nevera, en el espejo del cuarto de baño o en cualquier otro lugar estratégico al que vaya con asiduidad.

Cultiva los buenos hábitos

Nuevos hábitos por instalar	Resultados positivos que espero en mi vida

Secreto n.º 9

Cree en tu suerte. Espera a encontrarla. Concéntrate en ti mismo lo más a menudo posible y despréndete de lo negativo. Comprobarás cómo la intuición tiene por objetivo mejorarte la vida. Cultiva las buenas costumbres y tu capital suerte fructificará automáticamente.

Conclusiones

Tu vida ya no será fruto del azar

A partir del momento en que entiendas hasta qué punto la intuición se esfuerza por guiarte, estarás en condiciones de aceptar y seguir sus sabios consejos, un proceso que para ti ahora ya no tiene ningún secreto.

Para que este libro tenga sobre tu vida el impacto positivo que esperas, aplica con exigencia y regularidad los 9 secretos desarrollados. Los resultados dependerán de tu implicación personal en el trabajo. Cuanto más te entrenes, más cuenta te darás de los resultados positivos. A medida que te vayas fiando de tu intuición, irás viviendo cambios importantes en tu vida, ¡desde una simple mejoría hasta la total revolución!

Empieza una nueva vida

A lo largo del libro has podido ver las diferentes facetas de tu intuición, descubrir las potencialidades dormidas, y hacer las paces con tu oscuro mundo interior. También has visto propuestas para ponerte más en contacto con tus inteligencias (intuitiva, emocional, racional...). Pero sobre todo ahora cuentas con las herramientas necesarias para dominar el funcionamiento de tu intuición y tomar todas las decisiones en una fracción de segundo. Sabes también cómo utilizar el poder de tu pensamiento y convertir lo negativo en positivo. Al entender la importancia y el valor de tu intuición, sabes también encontrar la fuerza necesaria para hacer realidad tus deseos. Este libro te enseña cómo aprovechar los mensajes de las coincidencias y abrirte a la suerte.

Conoce también los secretos de gente que ha prosperado y sabe qué es lo que le anima a querer un mundo mejor. Ahora eres tú quien tiene el poder de compartir con la gente tus talentos intuitivos, tus pasiones, y lo mejor de ti. A fin de cuentas la intuición lo único que hace es permitirte descubrir lo que hay de sagrado y oculto en lo ordinario.

¡Te deseo una vida feliz!

VANESSA

Agradecimientos

Agradezco a todas las personas formidables con las que me he cruzado en mi camino, ellas me han dado la idea de este nuevo libro sobre la intuición.

Gracias a Chrystel Brémond, mi colaboradora, por su ayuda en las correcciones finales.

Toda mi gratitud para Gilles Guyon, mi esposo, mi colaborador y mi entrenador, él es mi primer lector y sus consejos son siempre muy valiosos. Le agradezco sus ánimos y la felicidad que cultiva en nuestra vida.

También un gran agradecimiento a Luc Deborde por haber consagrado tiempo a la lectura de este libro, por sus correcciones y sus valiosos consejos.

Debo expresar también mi gratitud a Alain Rossette el primer editor que confió en mí, le agradezco su entusiasmo por la idea de este nuevo libro sobre la intuición.

Y, por último, todos mis pensamientos van dirigidos a mis lectores que me animan siempre a querer dar lo mejor de mí en mis escritos.